HOMENS MAIS PARECIDOS COM JESUS

DAVID J. MERKH

HOMENS MAIS PARECIDOS COM JESUS

{ ESTUDOS BÍBLICOS SOBRE O CARÁTER E A CONDUTA DE HOMENS QUE SEGUEM O ÚNICO HOMEM NOTA 10 }

© 2021 por David J. Merkh

1ª edição: julho de 2021
2ª reimpressão: julho de 2023

REVISÃO
Rosa Maria Ferreira (edição)
Josemar de Souza Pinto (provas)

DIAGRAMAÇÃO
Catia Soderi

CAPA
Rafael Brum

EDITOR
Aldo Menezes

COORDENADOR DE PRODUÇÃO
Mauro Terrengui

IMPRESSÃO E ACABAMENTO
Imprensa da Fé

As opiniões, as interpretações e os conceitos emitidos nesta obra são de responsabilidade do autor e não refletem necessariamente o ponto de vista da Hagnos.

Todos os direitos desta edição reservados à

EDITORA HAGNOS LTDA.
Rua Geraldo Flausino Gomes, 42, conj. 41
CEP 04575-060 — São Paulo, SP
Tel.: (11) 5990-3308

E-mail: hagnos@hagnos.com.br
Home page: www.hagnos.com.br

Editora associada à:

Dados Internacionais de Catalogação na Publicação (CIP)
Angélica Ilacqua CRB-8/7057

Merkh, David J.

Homens [mais] parecidos com Jesus: estudos bíblicos sobre o caráter e a conduta de homens que seguem o único Homem Nota 10 / David J. Merkh. — São Paulo: Hagnos, 2021.

ISBN 978-65-86048-95-7

1. Vida cristã
2. Deus
3. Salvação (Teologia)
I. Título

21-2467　　　　　　　　　　　　　　　　　　　　　　　　　　CDD 248.4

Índices para catálogo sistemático:
1. Vida cristã

Estejam vigilantes,
mantenham-se firmes na fé,
sejam homens de coragem,
sejam fortes.
(1Coríntios 16:13, NVI)

E o que de minha parte ouviste
através de muitas testemunhas,
isso mesmo transmite a homens
fiéis e também idôneos para
instruir a outros.
(2Timóteo 2:2, ARA)

*Dedicado aos líderes
de ministérios de discipulado,
aconselhamento e ensino de homens,
para que sejam mais parecidos
com Jesus.*

Sumário

Agradecimentos 11
Prefácio: Homens que se parecem com Jesus................................. 13
Como usar este livro... 17
Introdução: O homem que não serve, não serve! 21

PARTE I: O CARÁTER DE HOMENS QUE SE PARECEM COM JESUS

Introdução 27
1. Homens no plano de Deus: a criação 29
2. Homens no plano de Deus: a queda 41
3. Homens no plano de Deus: a restauração 55
4. Homens que andam com Deus 71
5. Homens íntegros 83

PARTE II: A CONDUTA DE HOMENS QUE SE PARECEM COM JESUS

Introdução 99
6. Homens sem mágoas 101
7. Homens intercessores.. 115
8. Homens pastores de seus filhos: discipulado......................... 127
9. Homens pastores de seus filhos: disciplina............................ 141

10. Homens protetores 155
11. Homens presentes no lar 167
12. Homens líderes-servos 179
13. Homens trabalhadores 193

Apêndice 1: Conhecendo e sendo conhecido 206
Apêndice 2: Caderno de oração 207
Apêndice 3: Perguntas para perfis 209
Apêndice 4: Modelo de certificado de conclusão 212
Apêndice 5: Começando um ministério com homens 213

Bibliografia 216
Sobre o autor 220
Outros livros do autor 221

Agradecimentos

QUERO AGRADECER ÀS PESSOAS que, mais uma vez, colaboraram *muito* para que este volume esteja disponível ao público. À minha esposa, Carol Sue, por me encorajar a continuar escrevendo, apesar de tantas outras demandas de vida e ministério, e por sua ajuda na correção do manuscrito; à nossa nora Adriana, que mais uma vez fez uma correção completa dele.

Sou grato a Deus pelo incentivo e encorajamento que tenho recebido de três amigos que amam o ministério com homens: pastor Bráulio Moreira, Heldai Lemos Ferreira e Tiago de Azevedo Alves.

Agradeço aos homens da Primeira Igreja Batista de Atibaia que foram "cobaias" no estudo das lições deste material.

À equipe eficiente da Editora Hagnos, que sempre crê no nosso trabalho e zela pela produção de material bíblico e prático para a igreja brasileira, muito obrigado!

Finalmente, agradeço a Deus, que tornou possível a publicação de mais uma ferramenta para o discipulado de homens. Que Ele seja glorificado na vida de homens que se parecem com seu Filho amado, Jesus.

Prefácio

HOMENS QUE SE PARECEM COM JESUS

MUITO MAIS IMPORTANTE QUE a maneira pela qual o mundo ao nosso redor possa descrever a masculinidade é como Deus o faz.

Deus define a verdadeira masculinidade na pessoa de Jesus! Homens de verdade se parecem com Jesus.

Assim como um pai tem orgulho quando seu filho vai bem em alguma prova e, ainda mais, quando outras pessoas o imitam, Deus é glorificado em nós quando nós nos parecemos com seu Filho, Jesus!

O alvo da nossa vida, do nosso ministério e do trabalho da igreja é sermos e formarmos pessoas à imagem de Cristo. O apóstolo Paulo afirma isso em sua Carta aos Efésios, quando fala sobre a duração e o propósito dos dons espirituais concedidos à igreja:

> ... até que todos cheguemos à unidade da fé e do pleno conhecimento do Filho de Deus, *à perfeita varonilidade*, à medida da estatura da plenitude de Cristo (Efésios 4:13).[1]

A "perfeita varonilidade" é identificada como o pleno conhecimento do Filho de Deus. A ideia não é só de conhecimento intelectual, mas prático. "A medida da estatura da plenitude de Cristo" significa que um "homem de verdade" se parece com Cristo.

Por causa disso, queremos investigar o que as Escrituras ensinam sobre homens refeitos à imagem de Jesus, sobre a "perfeita varonilidade", para podermos ser homens de verdade que glorificam o Pai.

Infelizmente, há *muita* confusão sobre os papéis do homem e da mulher em nossos dias. Notamos uma inversão de papéis e valores no lar, na comunidade e na igreja (Romanos 1:25-27; 1Coríntios 6:9), com um feminismo desenfreado por um lado e um machismo egoísta por outro (Gênesis 3:16b). Temos homens ausentes do lar e da igreja, que procuram acima de tudo sua própria felicidade, e mulheres "libertas", mas que se tornam escravas dos seus próprios desejos e ídolos do coração (1Timóteo 4:1-5; 2Timóteo 3:1-7).

Cremos que a recuperação dos papéis bíblicos de homens e mulheres representará um salto muito grande em direção à restauração do lar, da igreja e da sociedade. Também entendemos que homens, criados por Deus para serem líderes amorosos, constituem o primeiro passo nesse resgate de valores bíblicos.

O ponto de partida para sermos homens segundo o coração de Deus é buscarmos na Palavra a vontade dele para o homem. Os estudos

---

1 Todas as citações sem indicação da versão bíblica são da Almeida Revista e Atualizada, da Sociedade Bíblica do Brasil (Barueri, 1993, 2009). Outras versões são indicadas por estas siglas: NVI (Nova Versão Internacional, da Biblica); ARC (Almeida Revista e Corrigida, da Sociedade Bíblica do Brasil).

apresentados aqui resumem os principais textos bíblicos que tratam da vida masculina. Como veremos, o plano de Deus é que Ele seja glorificado pela imagem de Cristo Jesus reproduzida em nós — homens de verdade que parecem cada vez mais com Jesus.

> Porquanto para isto mesmo fostes chamados, pois que também Cristo sofreu em vosso lugar, deixando-vos exemplo para seguirdes os seus passos (1Pedro 2:21).

PARA REFLETIR E COMPARTILHAR

Como o mundo tende a definir um "homem de verdade"? Pense em propagandas, filmes, livros e comentários que você já viu.

Quais as evidências hoje (no lar, na igreja e na sociedade) de confusão sobre o significado de "masculino" e "feminino"?

Como usar este livro

ESTE LIVRO SE JUNTA ao primeiro do gênero, *Homem nota 10*, como um guia de estudos bíblicos, discipulado e devocionais para todos os homens. Cada livro é independente do outro e pode ser estudado em qualquer ordem. Também lançamos mão de muito do conteúdo do nosso *Comentário bíblico: lar, família e casamento* (São Paulo: Hagnos, 2019), que trata sistematicamente de todos os textos bíblicos que focam a família. Adaptamos as exposições daquele livro que tratam do papel do homem para subsidiar as discussões das lições nesta edição.

Como sempre, nosso compromisso será com a Palavra de Deus inspirada, inerrante e infalível, não com as opiniões ou com o "achômetro" de seres humanos.

Focalizamos os principais textos bíblicos que falam diretamente para homens sobre a vontade de Deus para a vida deles.

Este livro parte do pressuposto de que a vida do Senhor Jesus serve como o modelo perfeito para todo homem imitar. O livro passará por treze aspectos da vida de Jesus sendo vivida em homens de verdade, por meio de estudos indutivos da própria Bíblia, com perguntas para discussão ao longo de cada capítulo, visando à interação entre homens, prestação de contas mútua, comunhão etc.

FORMATO

Os estudos são divididos em duas partes, que tratam do *caráter* do homem que se parece com Jesus (cinco lições) e a *conduta* dele no lar, na sociedade e na igreja (oito lições). Esse homem deixa um legado do temor do Senhor, conforme resumido em Provérbios 14:26,27:

> No temor do Senhor, tem o homem forte amparo, e isso é refúgio para os seus filhos.
> O temor do Senhor *é fonte de vida* para evitar os laços da morte.

Cada estudo começará com uma anedota ou estudo de caso que levanta a necessidade que os homens têm de exibir as qualidades de caráter que a lição irá expor. Em seguida, teremos uma análise bíblica, interativa e prática daquele atributo ou função. As lições trabalharão as características da vida de Jesus no homem, muitas vezes mostrando a antítese delas no velho homem (o primeiro Adão) e como o novo homem refeito em Cristo (o último Adão) reverte esse quadro.

Dependendo do tempo disponível para o estudo do livro e o envolvimento dos membros nas perguntas para discussão, as lições podem ser divididas em duas partes, normalmente conforme as principais divisões do estudo.

Com pequenas adaptações, este livro pode ser usado em diversos contextos:

- Estudo bíblico em grupos pequenos de homens.

- Estudo em encontros maiores de homens (café da manhã, encontros sociais etc.).
- Encontros de discipulado.
- Preparação de líderes na igreja.
- Estudo individual e devocional.
- Pais e filhos.

Em termos da condução do estudo, sugerimos uma dinâmica simples em que os homens presentes leiam os parágrafos alternadamente, pausando para responder a perguntas de reflexão feitas ao longo do texto. É importante que haja o máximo de interação entre os membros do grupo e que todos tenham a oportunidade de participar, para que o conteúdo apresentado seja discutido, analisado e testemunhado.

Ao longo de cada lição, no final de cada subdivisão de estudo, há perguntas para discussão em grupos pequenos. Não é obrigatório responder a todas as perguntas. O importante é que o conteúdo daquela parte do estudo seja contemplado e discutido.

Se o grupo de estudo tiver mais de cinco ou seis pessoas, o ideal será dividi-lo em grupos menores por um tempo preestabelecido, para que os homens dialoguem sobre o conteúdo da lição. Em nossa experiência, o tempo reservado para compartilhar é o momento mais importante do encontro.

No Apêndice 1, encontra-se uma ficha (opcional) "Conhecendo e sendo conhecido" para ser reproduzida e distribuída entre os membros do grupo. Também incluímos um caderno de oração para os participantes poderem registrar pedidos e respostas de oração em algum momento do encontro.

Se o livro for usado em grupos nos quais os integrantes não se conheçam tão bem, sugerimos uma dinâmica no início de cada encontro, visando a uma maior interação entre os membros do grupo.[2] O Apêndice

---

[2] Para obter mais ideias e sugestões sobre esse tipo de dinâmica em grupo, veja o nosso livro *101 ideias criativas para grupos pequenos* (São Paulo: Hagnos, 2015).

3 apresenta uma série de perguntas que poderiam servir como base para uma dinâmica de criar perfis no início de cada encontro.

O Apêndice 4 sugere um modelo de certificado que pode ser adaptado e entregue a homens que completam os estudos.

O Apêndice 5 oferece um guia simples para quem quer começar um ministério com homens. Junto com os princípios bíblicos desse ministério estratégico e fundamental, sugerimos passos práticos para implantar o ministério focado em grupos pequenos de discipulado de homens na igreja local.

Finalmente, uma bibliografia abrangente lista boa parte da literatura disponível no momento da publicação para o ministério com homens.

Nossa oração é que Deus use os estudos e esses recursos para homens de verdade cumprirem a ordem do apóstolo Paulo:

> Estejam vigilantes, mantenham-se firmes na fé, *sejam homens de coragem, sejam fortes* (1Coríntios 16:13, NVI).

Introdução

O HOMEM QUE NÃO SERVE, NÃO SERVE!

NUNCA VOU ME ESQUECER daquela mensagem. Não pela entrega fervorosa. Não pela eloquência. Nem pela sua profundidade teológica, mas, sim, pela simplicidade e contundência bíblica, casadas com um caráter irrepreensível e manso do pregador.

Meu sogro, Davi Cox, era o pregador, e eu sabia que ele vivia aquilo que ele estava pregando. Assim como Jesus. Sua mensagem sobre a lavagem dos pés dos discípulos pelo Mestre Jesus (João 13:1-20) culminou numa declaração simples: "O líder que não serve, não serve!".

Pronto. Eu e os outros homens presentes naquela conferência sobre liderança bíblica sentimos nossa profunda deficiência como homens. Mas fomos levados a reconhecer também a suprema suficiência de Cristo Jesus. Saímos com o desejo de ser não somente líderes conforme Cristo, mas homens mais parecidos com Ele. Não em nossa própria força, mas totalmente dependentes daquele que queria viver a sua vida em e através de nós (Gálatas 2:19,20).

O que João 13 diz sobre líderes, a Bíblia ensina sobre homens. "O homem que não serve, não serve." O serviço "outrocêntrico" caracterizava aquele que "não veio para ser servido, mas para servir e dar a sua vida em resgate por muitos" (Marcos 10:45). A essência da vida cristã é uma vida de serviço. Sermos homens conforme o coração de Deus significa sermos parecidos com seu Filho Jesus, que vivia sua vida para abençoar mais do que ser abençoado.

Podemos dizer que Deus é mais glorificado em nós quando somos mais parecidos com Cristo Jesus. O trabalho de nos conformar à imagem dele dura uma vida inteira. Só será consumado naquele dia quando o veremos como Ele é (1João 3:2). Mas, até então, por motivos que somente Deus sabe, Ele é glorificado em nós pela nossa humilde submissão ao processo de sermos "transformados, de glória em glória, na sua própria imagem, como pelo Senhor, o Espírito" (2Coríntios 3:18).

Em dias de crise de identidade sobre a masculinidade e a feminilidade, em que homens se transformam em mulheres e mulheres, em homens; quando os seriados e filmes populares debocham de homens como bobões incompetentes, indecisos, frágeis e fracos; quando há falta de líderes-servos de caráter em nossos lares, nossas igrejas e nos governos do mundo, mais do que nunca precisamos de homens refeitos em Cristo que se pareçam cada vez mais com Jesus.

Reconhecemos que, em nós mesmos, nunca atingiremos esse alvo. Graças a Deus, Ele se compadece de nós como um bom Pai, sabendo que somos pó (Salmos 103:13,14). Jesus é um bom Mestre, manso e humilde, que nos convida a encontrar descanso, graça e misericórdia nele e diante do seu trono (Mateus 11:28-30; Hebreus 4:14-16). O Espírito Santo é o Escultor-mor, que pacientemente nos esculpe conforme a imagem de Cristo, tirando as lascas que não se parecem com Jesus (2Coríntios 3:18; Romanos 8:29). Sabemos que essa boa obra um dia será completa (Filipenses 1:6). Mas, até então, glorificamos a Deus colaborando com cada membro da Trindade nessa obra maravilhosa de andarmos nos passos de Jesus.

O líder que não serve, não serve. O homem que não serve, não serve. O homem que não serve também não serve para liderar — porque não se parece com Jesus, o maior homem servo-líder no universo.

Que os estudos que seguem nos ajudem a ser homens de verdade, que servem para servir, como o apóstolo Paulo exorta:

> Nada façam por ambição egoísta ou por vaidade, mas humildemente considerem os outros superiores a si mesmos.
> Cada um cuide, não somente dos seus interesses, mas também dos interesses dos outros.
> Seja a atitude de vocês a mesma de Cristo Jesus, que, embora sendo Deus, não considerou que o ser igual a Deus era algo a que devia apegar-se; mas esvaziou-se a si mesmo, vindo a ser servo, tornando-se semelhante aos homens.
> E, sendo encontrado em forma humana, humilhou-se a si mesmo e foi obediente até a morte, e morte de cruz! (Filipenses 2:3-8, NVI).

PARA REFLETIR E COMPARTILHAR

Você consegue lembrar-se de exemplos de filmes e seriados em que homens são ridicularizados em seu papel de marido, pai ou líder?

Até que ponto o mundo está reconhecendo que "o líder que não serve, não serve"? Você já viu exemplos práticos disso?

Avalie essas declarações. Você concorda ou discorda? Por quê?

- O homem que não serve, não serve.
- Deus é mais glorificado em nós quando somos mais parecidos com seu Filho, Jesus.
- A essência da vida cristã (e da masculinidade verdadeira) é uma vida de serviço.

Parte I

O CARÁTER DE HOMENS QUE SE PARECEM COM JESUS

Introdução

DEUS NOS FEZ COMO *seres* humanos, não *fazeres* humanos. A maioria das religiões do mundo ensina que o *fazer* vem antes do *ser*. Ensina que o que *fazemos* eleva *nossa posição* diante de Deus e dos homens. Seu grito é: "Faça para que seja".

No entanto, o verdadeiro cristianismo ensina que foi Deus quem tomou a iniciativa de alcançar o homem. Ele fez isso pela obra final de Cristo Jesus. A cruz vazia e o túmulo vazio gritam: "Feito! Agora seja!".

Caráter precede conduta e culmina na glória de Deus. Tudo começa com o evangelho de boas e más notícias. As más notícias: em nós mesmos, somos pecadores condenados, distantes de Deus e perdidos. As boas: Cristo

Jesus nos resgatou da maldição do pecado pela sua morte na cruz e nos deu o poder de viver uma vida agradável a Deus pela ressurreição dele.

Iniciamos nossos estudos focando o caráter de Cristo sendo formado em homens que o abraçaram como seu Salvador. Voltaremos ao início, ao plano de Deus para o homem na criação. Veremos como a serpente injetou o veneno do pecado nas veias da raça humana e como o sangue de Jesus é o único antídoto para neutralizar os efeitos desse pecado e nos conceder sua justiça.

Essa obra do evangelho produz o caráter de Jesus em homens de verdade. Homens que, pouco a pouco, começam a amar com o amor outrocêntrico de Jesus e andam na presença dele, especialmente no contexto do lar, com integridade e pureza.

O mundo diz: "Faça!". .

Deus fala: "Feito!".

Agora temos o dever de ser o que já somos em Cristo Jesus. Homens de verdade, com caráter cada vez mais parecido com Ele.

1 Homens no plano de Deus: a criação

Recentemente ganhei uma lavadora de alta pressão, popularmente conhecida como "Vap". Depois do meu casamento, acho que foi o melhor negócio que já fiz na minha vida (não conte isso para minha esposa!). Nas semanas depois de adquiri-la, meus vizinhos me encontravam quase todos os dias lavando tudo e todos que chegassem perto de mim.

Infelizmente, até agora, eu não li o manual de instruções que veio junto com a máquina. Talvez, se eu tivesse feito isso, teria evitado alguns estragos que já fiz... na pintura da minha bike, nos tijolos à vista das paredes da casa e, confesso com certa vergonha, na minha mão e no meu pé, que perderam uma boa camada de pele depois de uma lavagem rápida!

Sendo assim, aprendi algumas lições importantes:

1. A ferramenta certa na hora certa faz toda a diferença. Trabalhos de limpeza que eu gastava horas para realizar terminavam em minutos com minha Vap.
2. A ferramenta certa, usada de forma errada, provoca caos, destruição e dor.

Poucos homens gostam de ler manuais de instruções. Parece que nosso código genético nos leva a desconsiderar os palpites de outros. (Graças a Deus que o YouTube e seus canais de instruções parecem ter revertido esse quadro, pelo menos em parte!)

Quando se trata de uma Vap, os resultados de ignorar as instruções podem ser preocupantes, mas normalmente reversíveis (minha pele sarou em pouco tempo, obrigado!). Mas, quando se trata da vida, não ler o Manual de Instruções do Fabricante (Deus) pode ser fatal.

Deus fez o homem com propósitos bem específicos e detalhados. Assim como o fabricante de uma máquina ou ferramenta, Ele sabe para que o homem existe, como ele funciona melhor e o que pode dar errado se ele atuar de forma errada.

Por isso, voltamos nossa atenção para o primeiro capítulo da Bíblia, onde Deus fala de forma clara e contundente sobre seu plano para o homem.

PARA REFLETIR E COMPARTILHAR

Você tem suas próprias experiências (ruins) de não ler o manual de instruções (ou não seguir um mapa ou GPS)? O que aconteceu?

Por que você acha que, como homens, muitas vezes preferimos o método "faça você mesmo" sem procurar ajuda ou seguir manuais de instruções? Até que ponto você tem sido um leitor assíduo da Palavra de Deus?

O PLANO DE DEUS PARA O HOMEM

Sempre que meus filhos entravam numa nova etapa de vida, como pai eu tentava dar-lhes palpites para que a transição fosse tão tranquila quanto possível. Talvez você já tenha feito assim também. Por exemplo, antes do primeiro dia de escola: "Filho, cuidado ao atravessar aquela rua... não se esqueça do seu caderno... lembre-se de voltar direto para casa depois das aulas... e, filho, não fale com qualquer estranho!". Antes do primeiro dia da faculdade: "Filha, cuidado ao atravessar aquela rua... não se esqueça do seu caderno... lembre-se de voltar direto para casa depois das aulas... e, filha, não fale com qualquer rapaz!".

O bom pai faz de tudo para preparar seus filhos para os desafios da vida.

Graças a Deus, Ele não nos deixou ao léu com respeito à verdadeira masculinidade. Desde o primeiro capítulo da Bíblia, encontramos instruções que nos norteiam em nossa missão como homens. Precisamos voltar ao "Manual do Fabricante", no qual descobrimos pelo menos três propósitos fundamentais que continuam valendo em nossa vida: *refletir* a imagem de Deus; *reproduzir* a imagem de Deus; *representar* a imagem de Deus.

1. Deus fez o homem para refletir sua imagem (Gênesis 1:26,27)

Infelizmente, muitos homens perderam seu rumo, dando voltas numa roda viva sem saber por quê. Chegam à metade da vida (na infame crise da meia-idade) e perguntam: "O que estou fazendo com minha vida? Por que estou aqui? Será que minha vida faz alguma diferença? Será que algo que fiz permanecerá depois de mim?". Infelizmente, muitas pessoas terminam a vida tendo subido a escada da profissão, das posses, do poder na sociedade só para descobrir que subiram a escada errada, encostada na parede errada.

Dizem que, no passado, agentes da FBI nos Estados Unidos, encarregados da proteção das cédulas de dólar, não estudavam todas as falsificações possíveis da moeda americana. Estudavam detalhadamente o original, a ponto de poderem detectar imediatamente as falsificações.

O que o "original" da Palavra de Deus diz sobre o propósito do homem?

> Também disse Deus: Façamos o homem à nossa imagem, conforme a nossa semelhança; tenha ele domínio sobre os peixes do mar, sobre as aves dos céus, sobre os animais domésticos, sobre toda a terra e sobre todos os répteis que rastejam pela terra.
> Criou Deus, pois, o homem à sua imagem, à imagem de Deus o criou; homem e mulher os criou (Gênesis 1:26,27).

Descobrimos que Deus fez o ser humano para refletir a imagem dele mesmo. A verdade mais importante sobre o homem é que ele é a imagem de Deus. A glória do homem é que ele reflete a glória de Deus![3]

Assim como a lua não tem glória própria, a não ser quando vira sua face em direção ao sol, o homem só cumpre seu propósito quando reflete a glória de Deus, ou seja, quando demonstra para o mundo aspectos da Pessoa de Deus em seu caráter.

O mundo foi feito para resplandecer a glória de Deus, não do homem.[4] Ele é o foco de toda a criação. Como criaturas, temos a responsabilidade de cumprir suas ordens e espelhar seus atributos para todos ao redor. Essa perspectiva TEOcêntrica *versus* ANTROPOcêntrica altera alguns dos nossos conceitos sobre o propósito da vida. Por exemplo, é comum ouvir homens (e mulheres) defendendo decisões contrárias à Palavra de Deus, dizendo: "Mas eu tenho o direito de ser feliz!". Infelizmente, nenhum versículo na Bíblia diz isso. Desde o início da criação, Deus nos deu o privilégio e a responsabilidade de refletir sua imagem, em santidade, obediência, amor e comunhão com Ele.

---

[3] Esse fato aponta o paradoxo do ateísmo: o homem que clama que não há Deus nega o propósito da sua existência. E é isso que vemos como produto de teorias ateístas: aborto, eutanásia, desespero, vida sem propósito e sem valor. Na tentativa de afirmar sua grandeza e independência, o homem anula o significado do seu ser (Salmos 8 e 19; Colossenses 1:15-20; Romanos 11:33-36).

[4] Veja também Salmos 8 e 19; Colossenses 1:15-20; Romanos 11:33-36.

Os termos "imagem" e "semelhança" junto com a ideia da *imago Dei* (imagem de Deus) têm sido a causa de muita polêmica. "Imagem" não diz respeito à composição material, mas à sua semelhança com Deus (diferente dos animais) nas esferas espiritual, intelectual e moral. Normalmente, o termo "imagem" no Antigo Testamento refere-se a ídolos. É justamente por isso que ídolos são proibidos — seu foco está no sentido *material*, que acaba sendo uma distorção grotesca da imagem de Deus que já é refletida no ser humano (Deuteronômio 4:15-19).

Como imagem/semelhança", refletimos aspectos essenciais da Pessoa de Deus para a glória de Deus. Tornamos aspectos do seu ser conhecidos pelo fiel cumprimento da nossa tarefa de espelhar inclusive seu caráter: amor, alegria, paz, longanimidade, benignidade, bondade, fidelidade, mansidão, domínio próprio. Ou seja, o fruto do Espírito (Gálatas 5:22,23) é a vida de Cristo refletida em nós, para a glória de Deus Pai.[5] Quando somos mais parecidos com Cristo, que é "o resplendor da glória e a expressão exata" (Hebreus 1:3) de Deus Pai, nós também refletimos a glória de Deus.

Outro aspecto importante sobre o homem como reflexo da imagem de Deus é o destaque do final de Gênesis 1:27: "homem e mulher OS criou". Entendemos que existe um reflexo *comunitário* da imagem do Deus Triúno, visto especificamente no relacionamento *conjugal*. Algumas características interpessoais do matrimônio refletem aspectos *relacionais* de um Deus Triúno que se relaciona consigo mesmo. Esses atributos não se veem no indivíduo, mas exigem um *outro* para serem expressos: comunicação, amor, fidelidade, papéis, unidade na diversidade e intimidade somente se veem em *comunidade*.

A unidade na diversidade do casal casado serve como ilustração da harmonia perfeita e da intimidade da Santa Trindade. Por isso, quando é fiel aos votos matrimoniais, quando demonstra o amor outrocêntrico, quando desempenha seus papéis como líder-servo no lar, o homem reflete aspectos da unidade na diversidade da própria Trindade.

---

5 Mais adiante, veremos que "imagem" também tem uma forte relação com governo, ou seja, o homem como vice-regente tem a tarefa de mediar o reino de Deus como seu representante autorizado.

Como diz o autor Bill Mills: "Quando conhecemos essa intimidade, também refletimos aquilo que acontece dentro da Trindade e, então, o mundo e os anjos que nos observam podem perceber que Deus está em nós".[6]

Infelizmente, o pecado distorceu muito desse propósito. Sabemos que o homem continua refletindo a imagem de Deus depois de cair no pecado, embora de forma imperfeita (Gênesis 5:1-3; 9:6). Foi necessário o Filho de Deus se tornar homem para que o homem pudesse ser feito novamente um filho de Deus (João 1:12-14). Em Cristo, a imagem de Deus está novamente sendo esculpida em nós pelo seu Espírito (Romanos 8:29; 2Coríntios 3:18).

> **PARA REFLETIR E COMPARTILHAR**
>
> Quais algumas implicações práticas do fato de que o primeiro propósito pelo qual Deus criou o homem foi para ser um espelho vivo do seu caráter? Como isso afeta nossas decisões? Prioridades? Vida familiar? Trabalho? Serviço?
>
> Quais são os aspectos da Pessoa de Deus como Ser relacional que se veem principalmente no casal casado? Quais as implicações disso em termos de como conduzimos nosso casamento?
>
> Avalie a frase "Eu tenho o direito de ser feliz" e suas implicações em termos da imagem e da glória de Deus.

2. Deus fez o homem para reproduzir sua imagem (Gênesis 1:28)

Além de refletir a imagem de Deus, existe um segundo propósito para a humanidade: reproduzir essa imagem em novos adoradores, também imagens de Deus, para que a imagem dele seja espalhada ao redor do mundo.

---

6 Bill Mills, *A bênção de Benjamim*, p. 22.

Talvez você fique surpreso ao descobrir que o primeiro mandamento para o homem na Bíblia, em forma tríplice, é a ordem de *reproduzir* mais imagens de Deus.[7]

> E Deus os abençoou e lhes disse: Sede fecundos, multiplicai-vos, enchei a terra e sujeitai-a; dominai sobre os peixes do mar, sobre as aves dos céus e sobre todo animal que rasteja pela terra (Gênesis 1:28).

Enquanto a criação do homem revelou verdades sobre a natureza do Criador que o resto da criação não era capaz de mostrar, a ordem para multiplicar-se e encher a terra revelou o coração de Deus para que toda a criação tivesse a oportunidade de encarar sua glória. Esse é o propósito missionário pelo qual Deus criou o homem, e a primeira forma da Grande Comissão que encontramos mais tarde na Bíblia (veja Mateus 28:16-20).

Deus desejava um universo cheio de seres humanos, reflexos da sua glória, adoradores em comunhão com Ele, desfrutando de sua majestade e imitando seus atributos. Esse foi o propósito original para o homem, e aconteceria naturalmente pela procriação e a formação da família.

A união sexual de homem e mulher levaria à multiplicação da imagem de Deus, a fim de que Ele tivesse um testemunho refletido em todo lugar, por meio de seus representantes enviados aos confins da terra. Assim, existimos para estender o testemunho de Deus e o reino de Deus até os cantos remotos do globo. A glória de Deus seria vista em toda a terra.

Depois da rebelião do homem contra Deus, o plano foi prejudicado pelo pecado. Mesmo assim, continuamos sendo imagem de Deus (Gênesis 5:1-3; 9:1,7). Deus continua querendo que seu reino se espalhe pela terra, mas hoje a nossa missão é de resgate, a começar com os próprios filhos, mas estendendo-se até os confins da terra (Mateus 28:18-20).

---

7   Gênesis 2:16,17 relata a primeira ordem (proibição) de modo *cronológico*, pois foi dada para Adão *antes* que Eva fosse criada.

Fazer missões significa recrutar adoradores de Deus, reflexos da sua imagem, em todo canto do planeta. Missões significam que a glória de Deus será apreciada, refletida e difundida por cada cultura, raça, língua e nação, revelando um pouco mais a cor e o brilho do esplendor da glória de Deus.

Podemos perguntar: Como reproduzimos a imagem de Deus hoje? Há pelo menos duas respostas:

1. Reproduzimos a imagem de Deus pelo discipulado de nossos filhos (Efésios 6:4; veja Deuteronômio 6:4-9; Salmos 78:1-8)

Mesmo depois da queda no pecado, Deus ainda quer que sua imagem seja espalhada e protegida (Gênesis 9:1, 7). Mas o resgate dessa imagem em crianças que nascem pecadoras será um trabalho de tempo integral (Provérbios 22:15). Efésios 6:4 deixa claro que Deus encarrega homens (pais) com a responsabilidade principal na criação dos filhos, embora certamente o casal trabalhe como time e a mãe também tenha muita responsabilidade (1Timóteo 2:11-15).

Hoje estamos numa guerra espiritual, e a alma dos nossos filhos está em jogo, junto com a glória de Deus!

2. Reproduzimos a imagem de Deus pelo discipulado das nações (compare Israel em Gênesis 12:1-3 com Êxodo 19:6)

Pelo fato de que muitos pais hoje não cumprem seu dever no lar pelo efeito devastador do pecado que se alastrou ao redor do planeta, cabe a nós uma missão de resgate dos filhos dos outros, ou seja, de países e povos inteiros que não mais conhecem Deus. Por incrível que pareça, a raça inteira se encontra em rebeldia contra o Criador, e nós, que o conhecemos, somos chamados para uma missão de resgate.

Ele nos chamou para multiplicar sua imagem pela obra missionária, pelo evangelismo e discipulado das nações. Seja você solteiro, seja casado sem filhos ou com seus próprios filhos e netos, tem a tarefa como homem de se reproduzir nessa obra global, para que a terra fique cheia da glória do Senhor (Mateus 28:18-20). Essa é uma missão com vitória garantida, porque aquele que disse: "Toda a autoridade me foi dada no céu e na terra" também disse: "Eis que estou convosco todos os dias até à consumação do século"! *Cumprimos nossa razão de ser quando reproduzimos o reino de Deus em nossos filhos e ao redor do mundo.*

Para Refletir e Compartilhar

Como podemos cumprir a ordem de reproduzir a imagem de Deus hoje? Essa ordem é só para os pais? Ou todos têm uma responsabilidade nisso?

Quais as evidências em Gênesis 1:26-28 de que Deus prioriza relacionamentos familiares como uma responsabilidade principal do homem?

Como nós, homens, podemos ser mais proativos no cumprimento da missão de multiplicar a imagem de Deus em nossos filhos e por meio de missões?

3. Deus fez o homem para representar seu reino (1:28b)

Deus, como Criador, é o dono de toda a terra (Salmos 24:1). Mas, como dono, Ele tem o direito de delegar autoridade e liderança a quem quiser. Deus fez o homem para ser esse "vice-regente", ou, talvez melhor, "delegado", o representante oficial dele na terra. Assim, o homem continua a obra que Deus começou ao dar a ordem de encher a terra. Em certo sentido, Deus deu ao homem uma procuração divina para representá-lo na terra.

Esse aspecto funcional da *imago Dei* se entende à luz da prática de reis e imperadores do mundo antigo de erguer "imagens de si mesmos nas terras conquistadas e sobre as quais tinham controle".[8] Quando olhamos para Gênesis 1:26-28, percebemos uma forte ligação entre a imagem de Deus e o domínio do homem sobre a terra. O texto começa e termina falando sobre esse mandato cultural do homem cujo *trabalho* representará o governo de Deus:

---

8 Eugene H. Merrill, *Teologia do Antigo Testamento* (São Paulo: Shedd, 2009), p. 175.

> Também disse Deus: Façamos o homem à nossa imagem, conforme a nossa semelhança; *tenha ele domínio sobre os peixes do mar, sobre as aves dos céus, sobre os animais domésticos, sobre toda a terra e sobre todos os répteis que rastejam pela terra.*
> Criou Deus, pois, o homem à sua imagem, à imagem de Deus o criou; homem e mulher os criou.
> E Deus os abençoou e lhes disse: Sede fecundos, multiplicai-vos, enchei a terra *e sujeitai-a; dominai sobre os peixes do mar, sobre as aves dos céus e sobre todo animal que rasteja pela terra* (Gênesis 1:26-28).

O homem foi feito para mediar o reino de Deus, e seu campo de atuação no início foi o Jardim do Éden, como uma miniatura da terra (e talvez do universo). Como representante de Deus, o homem continua a obra de Deus, de dar forma e encher a terra. Note que nos seis dias da criação Deus fez exatamente isto: tomando o que era sem forma e dando-lhe forma; tomando o que era vazio e enchendo-o. Mas agora Ele repassa essa tarefa ao homem, que irá glorificá-lo pelo trabalho de dominar, sujeitar e encher a terra.

O pecado dificultou imensamente o trabalho do homem (Gênesis 3:17-19). Mesmo assim, o mandato continua, e Deus chama o homem em Cristo para trabalhar com todo o seu ser em nome do Senhor Jesus para a glória de Deus Pai (Colossenses 3:17,23). Como trabalhadores fiéis, refletimos a imagem de Deus. Há implicações no texto para: mordomia do meio ambiente; ecologia responsável; criatividade; avanço tecnológico responsável; diligência no serviço; excelência cristã em tudo (mídia, arte, redação, arquitetura etc.). Vamos estudar mais sobre isso no último capítulo deste livro.

Portanto, ainda temos uma missão a cumprir. Nosso trabalho é uma forma de glorificar a Deus. Todo trabalho é sagrado diante de Deus, é uma missão, muito mais que um mero emprego. *Cumprimos nossa razão de ser quando somos fiéis à nossa vocação, trabalhando para Deus, não para os homens.*

O seu trabalho é digno de um filho de Deus ou coopera com o reino das trevas? Você faz seu trabalho como para o Senhor, como forma de glorificá-lo e adorá-lo? Se você é estudante, você estuda de todo o seu coração, como um ato de louvor a Ele? Como família, vocês colaboram para cumprir esse propósito de subjugar e encher a terra pelo discipulado das nações?

CONCLUSÃO

Em Cristo, podemos restaurar uma vida com propósito (2Coríntios 5:17). Enquanto refletimos sobre o propósito redentor para o homem como revelado no restante das Escrituras, fica claro que somente "em Cristo" é que esse propósito pode ser realizado. "Em Cristo" somos novas criaturas (2Coríntios 5:17). Pelo Espírito de Deus, podemos refletir o caráter de Cristo (Gálatas 5:22). A imagem de Deus refletida no relacionamento conjugal pode espelhar outra vez aspectos comunitários da imagem de Deus (Efésios 5:18—6:9). Em Cristo, os corações de pais e filhos podem ser reconciliados (Malaquias 4:6). Em Cristo, podemos fazer discípulos de criaturas outrora rebeldes, levando sua mensagem de redenção aos confins da terra (Mateus 28:19,20). Por causa de Cristo, o reino de Deus no homem e por meio do homem um dia será restaurado: um dia vamos reinar com Ele para sempre (Apocalipse 22:5)!

Nestes dias em que parece que todo mundo perdeu o rumo e o propósito, o Manual do Fabricante nos orienta com palavras sábias e animadoras. Mesmo depois da entrada do pecado no mundo, temos razão de viver como homens.

Sua vida tem esses propósitos?

Você reflete cada vez mais a imagem outrocêntrica de Cristo?

As pessoas ao seu redor (esposa, filhos, pais, amigos) diriam que você é cada vez mais parecido com Jesus Cristo?

Você está ativamente promovendo a expansão do reino de Deus pelo investimento em sua esposa e em seus filhos para serem adoradores de Deus? Tem algum compromisso com missões?

Seu trabalho (ou estudo) é feito para a glória de Deus ou para os homens? Você faz "corpo mole" no serviço? Demonstra murmuração e rebeldia, ou contentamento e fidelidade?

Nos estudos que seguem, veremos o que Deus diz em seu Manual de Instruções, para sermos homens mais parecidos com Cristo.

A grande ideia

Deus fez o homem para refletir a sua imagem!

PARA REFLETIR E COMPARTILHAR

Dos três grandes propósitos de Deus para o homem (refletir seu caráter, reproduzir adoradores, representar seu reino), qual é o mais difícil para a maioria dos homens?

Onde você percebe ataques contra os propósitos de Deus para o homem no mundo hoje?

Quais as implicações do fato de que Deus criou o homem para representá-lo no serviço?

2 | Homens no plano de Deus: a queda

"ESPELHO, ESPELHO MEU, EXISTE ALGUÉM MAIS BELA do que eu?"

As palavras clássicas do conto de fadas "Branca de Neve" tipificam o auge da vaidade. A bruxa da história fica louca quando o espelho responde que outra — Branca de Neve — era mais bela que ela.

Quando chegamos ao fim da narrativa da criação em Gênesis 2, o recém-criado casal Adão e Eva serve como espelho belo e nítido da glória da imagem de Deus (Gênesis 1:27). Por isso, Deus declara que tudo era "muito bom" (Gênesis 1:31).

Alguém, porém, não estava contente. Satanás, em forma de serpente, já fora condenado por Deus por querer elevar seu trono acima do trono de Deus (Ezequiel 28:2,11ss.). Em resposta, virou-se contra o homem e a mulher, na tentativa de sujar o "espelho" da vida de ambos, por serem uma lembrança constante da glória que ele mesmo nunca atingiria. Satanás tenta ofuscar aquela imagem e vingar-se de Deus (Gênesis 3:1ss.; veja Apocalipse 12:9).

Gênesis 3 explica as origens da tentação e do pecado e mostra suas consequências no mundo e na vida tanto do homem quanto da mulher e, em conjunto, na família. Mas, além de tratar da tragédia do pecado, também mostra o triunfo da graça. Gênesis 3 é uma miniatura da história do universo e do plano de Deus para a salvação do homem.

A lua de mel no final de Gênesis 2 mostra a inocência do casal criado à imagem de Deus. Com isso, o palco está preparado para o ataque da serpente que detestava aquela imagem.[9] O texto nos instrui em muitos níveis, mas nosso foco será no impacto que a entrada do pecado teve no plano divino para a humanidade e, especificamente, para a vida do homem. Também traçaremos o ciclo de vida (e morte) da tentação e suas consequências em nossa vida.

1. O PERCURSO DO PECADO (GÊNESIS 3:1-6)

Aprendemos muito sobre o ciclo de vida e morte que a tentação produz nesses versículos. Como o Novo Testamento nos lembra, não somos (e não devemos ser) ignorantes quanto às estratégias de

---

[9] A transição de Gênesis 2:25 para 3:1 é sombria. Existe um trocadilho no texto original que prepara o palco para o drama a seguir e prepara o leitor para o perigo que está à vista. A palavra "nus" (2:25 *'ărûmmîm* — "os dois estavam *nus* e sem vergonha") no hebraico soa como a palavra "sagaz" (3:1 *'ārûm* — "a serpente era mais *sagaz*..."). São homônimos, ou seja, duas palavras distintas, mas escritas da mesma maneira, como o termo "manga" em português, em que uma mesma palavra representa dois conceitos distintos (parte de uma camisa e um fruto). O efeito desse jogo de palavras para o leitor original seria como uma mudança na música de fundo num filme que prepara o espectador para um perigo iminente. É como se o homem e sua esposa estivessem "nus e sem [...] vergonha", enquanto a serpente era "nua (esperta, sagaz) e sem-vergonha" — mais que qualquer outra criatura.

Satanás, que visam corromper a imagem de Deus refletida em nós (2Coríntios 2:11).

A triste história da tentação e subsequente queda da raça humana em Gênesis 3 fornece uma prévia de coisas piores por vir. A natureza humana logo se manifesta. Provérbios 27:20 observa: "O inferno e o abismo nunca se fartam, e os olhos do homem nunca se satisfazem". Para acentuar o fato da nossa triste realidade, o relato de Gênesis mostra como, mesmo no paraíso, o homem não estava contente.

A história serve como miniatura do enredo humano até hoje. A natureza humana está sempre insatisfeita, descontente, sempre em busca de algo maior e melhor. No caso dos papéis de homem e mulher, a história também comprova que tanto o homem quanto a mulher vivem como pecadores em constante competição e conflito, algo bem diferente do propósito para o qual foram criados (Gênesis 3:16b).

A. Dúvida da Palavra de Deus (1-3)

> Mas a serpente, mais sagaz que todos os animais selváticos que o Senhor Deus tinha feito, disse à mulher: É assim que Deus disse: Não comereis de toda árvore do jardim? Respondeu-lhe a mulher: Do fruto das árvores do jardim podemos comer, mas do fruto da árvore que está no meio do jardim, disse Deus: Dele não comereis, nem tocareis nele, para que não morrais (Gênesis 3:1-3).

O primeiro passo no percurso da tentação é a dúvida. Dúvida quanto ao caráter de Deus e à Palavra de Deus. Satanás sutilmente subverte a ordem divina de liderança masculina e auxílio feminino quando aborda a mulher, não o homem. Afinal, ela não estava presente quando Deus deu suas ordens a Adão sobre sua gerência do Jardim (Gênesis 2:16,17): "Sabemos que sua abordagem foi uma desvirtuação calculada do plano de Deus para a liderança de Adão no relacionamento".[10]

---

10 Mary A. Kassian e Nancy Leigh DeMoss, *Design divino* (São Paulo: Shedd Publicações, 2015), p. 101.

Satanás inicia seu ataque contra a imagem de Deus mirando o relacionamento conjugal. Não é por acaso que Efésios 6:10-20 descreve essa nossa luta logo após o texto extenso sobre o lar cristão (Efésios 5:22—6:9).

Uma pergunta diabólica semeia dúvidas na mente da mulher: "É assim que Deus disse...?". A serpente questiona a bondade e a provisão graciosa de Deus. Eva já fica na defensiva. A Palavra de Deus e o caráter de Deus estão em jogo.

O apelo do inimigo em Gênesis 3:1 foca atenção na única proibição que Deus havia feito ao homem antes da criação da mulher, em Gênesis 2:16. Deus havia aberto o Jardim inteiro para Adão comer "livremente".[11] Havia somente *uma* restrição: o fruto da árvore do conhecimento do bem e do mal. Satanás aproveita a oportunidade, aborda a mulher (provavelmente na presença do homem, conforme veremos no v. 6) e coloca sua lente de aumento sobre a proibição, não sobre a permissão: "É assim que Deus disse: *Não comereis de toda árvore* do jardim?" (3:1).

Eva se sente obrigada a responder, mas ela é inconsequente ao fazê-lo. Enquanto o tentador torceu a Palavra e sutilmente questionou o caráter de Deus, Eva erra pelo menos *três vezes* com respeito à Palavra. As diferenças para nós talvez pareçam sutis, até mesmo insignificantes, mas, quando lembramos o contexto de Gênesis 1 e 2, em que a Palavra poderosa de Deus criou o mundo e concedeu vida, logo fica evidente que esses "errinhos" são potencialmente fatais.

Eva subtraiu e acrescentou à Palavra de Deus.[12] As mudanças feitas sugerem que ela já estava sendo enganada (como Paulo afirma em 1Timóteo 2:14), que talvez ela não tenha levado tão a sério a Palavra de Deus, e bem provavelmente Adão havia falhado na transmissão da Palavra a ele confiada. E quando lembramos que, ao que tudo indica,

---

11 A construção hebraica do verbo com o infinitivo absoluto indica essa ideia de liberalidade ou generosidade: "comendo, comerás" ou "para comer, comerás". A tradução da ARA "comerás livremente" capta bem esse foco do texto na generosidade divina.
12 Alguns textos que advertem contra isso incluem: Provérbios 30:5,6; Deuteronômio 18:20-22; Apocalipse 22:18,19.

ele estava presente (como será explicado mais adiante, cf. Gênesis 3:6), o fato de que não interferiu enquanto a serpente seduzia sua própria mulher também sugere que ele foi omisso e passivo. O precedente estabelecido na queda da humanidade no pecado continua evidente nos descendentes de Adão e Eva e em nossos casamentos.

A tentação de Adão e Eva nos lembra de outra tentação — do Último Adão — séculos depois (cp. Mateus 4:1-11). Só que, diferente do casal no paraíso de Deus, Jesus encontrava-se no deserto árido, privado de tudo por 40 dias e 40 noites. Jesus, que é o "resplendor da glória e a expressão exata" da imagem de Deus (Hebreus 1:3), também foi atacado pela serpente. Mas ele respondeu às tentações, citando perfeitamente a Palavra de Deus. Isso porque "não só de pão viverá o homem, mas de toda palavra que procede da boca de Deus" (Mateus 4:4).

Por duas vezes Eva diminuiu o que Deus havia dito. Ele tinha falado: "comerás livremente"; ela disse: "podemos comer". Ele falara: "certamente morrerás", e ela disse: "para que não morrais". Finalmente, Eva acrescentou à Palavra de Deus o que Deus não havia dito: "nem tocareis".

O percurso do pecado começa quando somos omissos, passivos e subversivos em duvidar da Palavra de Deus.

B. Negação (4,5)

> Então, a serpente disse à mulher: É certo que não morrereis. Porque Deus sabe que no dia em que dele comerdes se vos abrirão os olhos e, como Deus, sereis conhecedores do bem e do mal (Gênesis 3:4,5).

O segundo passo no percurso da tentação é a negação escancarada da Palavra. Satanás, o pai da mentira (João 8:44), ousa acusar Deus de mentiroso, quando berra: "É certo que não morrereis". Agora que a mulher está confusa quanto à Palavra, e, tendo plantado sementes de dúvida sobre a Palavra e o caráter de Deus no coração dela, ele avança para aplicar o golpe fatal. Sugere que Deus não era bom, que Ele não tinha o bem do casal em mente, que existia grama mais verde do outro lado da cerca e que eles poderiam ser como Deus! Ironicamente, ele oferece semelhança com Deus para o casal que já era "imagem e semelhança de Deus" (Gênesis 1:26,27). Eles eram mais parecidos com Deus do que a serpente, mas, mesmo assim, caíram no golpe. Foi a mesma estratégia que Satanás usou na tentação de Jesus no deserto, só que com outro resultado (Mateus 4:1-11).[13]

C. Desejo (6)

> Vendo a mulher que a árvore era boa para se comer, agradável aos olhos e árvore desejável para dar entendimento, tomou-lhe do fruto e comeu e deu também ao marido, e ele comeu (Gênesis 3:6).

Logo vem o terceiro e último passo no percurso do pecado. Satanás tinha feito seu trabalho sujo. As sementes de dúvida e negação encontraram solo fértil no desejo da mulher, culminando em rebeldia.

Observe a sequência rápida dos eventos que seguem e o desenrolar do desejo desenfreado. A isca da cobiça levou ambos até esse ponto, e eles não resistiram.

Em todo o percurso da tentação, ficamos a perguntar: "Onde estava Adão?". A resposta está no final do versículo 6. Uma tradução literal do final do versículo diz que ela "tomou-lhe do fruto e comeu e deu também ao marido *com ela*, e ele comeu". É possível que as palavras "com ela" simplesmente se refiram ao fato de que o homem estava "com ela" no Jardim — em algum lugar. Mas esse fato era óbvio (e talvez explique por que algumas versões não traduzem a preposição). Todavia, a rapidez na sequência dos verbos e a leitura natural da

---

[13] Pense sobre a ironia nessa tentação. Isaías 14:12-15 provavelmente descreve a queda de Satanás. A mesma isca que ele engoliu quando tentou elevar seu trono acima do trono de Deus, agora ele usa para atrair o casal. Mas oferece o que eles já tinham — semelhança com Deus — só que de forma distorcida!

narrativa mostram que Adão estava bem próximo — possivelmente ao lado dela — quando tudo aconteceu.[14]

O texto traz lições sobre liderança masculina e a omissão e a passividade que minam o fundamento do lar. E vemos como a mulher, que deveria ter sido auxiliadora idônea, acabou sendo o tropeço que levou à queda no pecado. Cada um abandonou seu papel.

Percebemos em nosso mundo como os precedentes estabelecidos no primeiro pecado continuam ecoando em nossa vida e em nossos casamentos. Mulheres que tomam a frente e homens que abandonam a liderança espiritual do lar revelam-se como novos "Adão e Eva".

Ao comer, o homem colocou sua esposa como deusa em sua vida, obedecendo à voz dela em vez de à voz de Deus. Foi justamente essa atitude que Deus aborda em *primeiro* lugar quando fala ao homem em 3:17: "Visto que atendeste a voz de tua mulher...". O homem quis agradar a esposa antes de agradar a Deus. Ele não foi enganado como a mulher (1Timóteo 2:14). Sabia exatamente o que estava fazendo. Simplesmente decidiu desobedecer.

Quando a serpente deu o bote no casal, quando injetou o veneno do pecado nas veias da raça humana, todos nós caímos (Romanos 5:12-19). A imagem de Deus refletida no espelho do casal ficou embaçada, corrompida e distorcida.[15] A tragédia do pecado fez que a vida nunca mais fosse a mesma. Fomos mergulhados nas trevas do pecado.

---

14 Há quatro razões pelas quais acreditamos que Adão se encontrava presente na tentação: 1) Seu silêncio se encaixa no contexto imediato de Gênesis 1—3; 2) Gênesis 3:6 diz que ele estava ali "com ela"; 3) a sequência de toda a narrativa registrada em Gênesis 3:1-7 sugere que Eva se voltou imediatamente para Adão e lhe deu o fruto; 4) outros homens em Gênesis vivenciaram esse problema antigo do silêncio de Adão, sugerindo que seu silêncio se tornou um padrão para seus descendentes masculinos.
15 Fitzpatrick, *Ídolos do coração*, p. 146.

PARA REFLETIR E COMPARTILHAR

Como é que duvidamos do caráter de Deus no dia a dia?

Em que sentido a cobiça (Provérbios 27:20) e o amor ao dinheiro (1Timóteo 6:10) desencadeiam um ciclo de destruição em nossa vida?

Quais os perigos quando a Palavra de Deus não é central em nossa vida, em nossa família e na igreja? Como é que nós, homens, podemos fazer que ela ocupe seu devido lugar em nossa vida e em nossa família?

Como é que os homens falham hoje em não assumir a liderança espiritual do lar? Como reverter esse quadro?

2. AS CONSEQUÊNCIAS DO PECADO (GÊNESIS 3:7-13)

O próximo ato no drama do texto revela as consequências inevitáveis do pecado. Sabemos que o pecado é ruim. Mas nem sempre entendemos *quanto* é devastador. Precisamos permitir que as consequências horríveis do pecado sejam sentidas enquanto estudamos esse parágrafo. Temos que odiar o pecado e seus resultados trágicos.

A. Vergonha (7a)

> Abriram-se, então, os olhos de ambos; e, percebendo que estavam nus, coseram folhas de figueira e fizeram cintas para si (Gênesis 3:7).

Os olhos do casal se abriram. Eles viram sua nudez. Só que, agora, com o sentimento de culpa e vergonha. Não mais uma nudez inocente, sem vestígio de vergonha (Gênesis 2:25). Agora era uma nudez vergonhosa. Eles se sentem expostos. Foram-se a sua inocência e a autenticidade do seu relacionamento. Sentiram-se sujos, cobertos com a poluição do seu pecado. Esse fato levou-os a tentar cobrir seu pecado — o primeiro ato "religioso" no mundo.

B. Religiosidade (7b)

Note a resposta do casal diante da sua imundícia. Eles tentam se cobrir. Tentam esconder sua vergonha com folhas de figueira, arrancadas de uma árvore qualquer. Não foi suficiente, pois não havia derramamento de sangue nem morte (Hebreus 9:22).

"Religião" (do latim *re-ligare*, ou seja, a tentativa de "religar-se" a Deus) representa o esforço do homem para reatar o relacionamento com Deus, cobrir seu pecado, apagar sua vergonha, tirar sua culpa. Atos religiosos são tentativas fúteis feitas conforme a vontade do homem, não de Deus.

Na tentativa de apaziguar sua culpa, alguns negam a existência de um Deus a quem terão de prestar contas. Outros se escondem por trás da ideia de forças cósmicas impessoais que não reconhecem a existência do pecado. Alguns usam a ciência para negar a existência de um Deus Criador. Ainda outros tentam compensar seu pecado por meio de boas obras e ritos religiosos, procurando desesperadamente tirar as manchas do pecado da sua alma. E outros ferem a si mesmos, na tentativa de extirpar o sentimento de culpa. Mas a podridão do pecado nunca pode ser remediada pelo esforço humano.[16]

---

16 Sabemos que o esforço de Adão e Eva era em vão, pelo fato de que Adão responde um pouco mais tarde à indagação de Deus: "Onde estás?" (v. 9) com a declaração reveladora: "Ouvi a tua voz no jardim, e, *porque estava nu*, tive medo, e me escondi" (v. 10). Fisicamente falando, Adão não estava mais nu; mas, diante do olhar penetrante e onisciente do Criador, sua alma estava exposta. No sentido espiritual, ele estava de fato nu (cp. Hebreus 4:12,13).

Para Refletir e Compartilhar

Qual a importância do fato de que Deus abordou o *homem*, não a mulher, em primeiro lugar, pela entrada do pecado no mundo?

Leia Hebreus 4:12-16. Em que sentido continuamos "nus" diante de Deus e de sua Palavra? Qual a solução para isso à luz desse texto?

Onde você encontra graça nas perguntas de Deus para o homem? Como isso deve nos dar esperança?

C. Medo (8-10)

Quando ouviram a voz do Senhor Deus, que andava no jardim pela viração do dia, esconderam-se da presença do Senhor Deus, o homem e sua mulher, por entre as árvores do jardim. E chamou o Senhor Deus ao homem e lhe perguntou: Onde estás? Ele respondeu: Ouvi a tua voz no jardim, e, porque estava nu, tive medo, e me escondi (Gênesis 3:8-10).

Então, aconteceu o pior. O próprio Deus desceu ao Jardim para passear com seus filhos. Mas eles haviam sumido. A "imagem de Deus", feita para ser vista e para espelhar e espalhar a glória de Deus, estava escondendo-se atrás das árvores e dos arbustos do jardim. A criatura fugiu do Criador.

Deus nos criou com o propósito de sermos reflexos vivos de quem Ele é. Mas o espelho ficou sujo. A comunhão virou corrupção. A amizade se transformou em medo. A luz de sua vida tornou-se em trevas.

Note a cumplicidade do casal: "esconderam-se da presença do Senhor Deus, *o homem e sua mulher*". O casal que Deus criara para *juntos* refletirem sua glória, agora *juntos* fogem da sua presença.

Então, Deus chama o *homem*. Mais uma vez, o texto revela a responsabilidade de liderança masculina. Deus tinha dado as ordens do Jardim ao homem antes de criar Eva. Agora ele chama o homem: "Onde estás?".

Há evidência aqui da graça de Deus, não somente na pergunta feita, mas em todo o diálogo travado entre Deus e o homem. Isso porque Deus já havia declarado a morte certa de quem comesse da árvore do conhecimento do bem e do mal (2:17). Por ser onisciente, Deus não precisava dialogar com o homem, muito menos com o casal. Mas o fato de Deus *perguntar* a Adão já abre uma porta de esperança e de arrependimento.

As perguntas que Deus faz às pessoas nas Escrituras não são feitas porque Ele não sabe a resposta. São feitas para provocar compreensão em nós sobre o que precisamos saber! O clamor "Onde estás?" continua ecoando pelos corredores do tempo até nós. A Bíblia nos ensina que é Deus quem busca o homem, não o contrário (Romanos 3:9-20); nós o amamos porque primeiro Ele nos amou (1João 4:19).

Note a resposta reveladora de Adão. Apesar de ter se coberto com folhas de figueira, ele responde: "Porque estava nu, tive medo, e me escondi". Apesar das folhas de figueira, ele ainda se sentia nu! A religião própria e o esforço humano para cobrir a nudez vergonhosa do pecado não eram confiáveis. Adão e Eva ainda estavam expostos diante dos olhos daquele a quem precisavam prestar contas.

Uma das maiores tragédias do pecado é o medo do Criador que ele causa em nós. Rompeu-se a comunhão. Corrompeu-se a adoração. Em seu lugar, instalou-se o medo da justa e santa ira de Deus que *precisa* cair sobre toda a iniquidade (Romanos 1:18). Como caímos quando Adão comeu daquele fruto proibido!

D. Conflito conjugal (culpa) (11-13)

> Perguntou-lhe Deus: Quem te fez saber que estavas nu? Comeste da árvore de que te ordenei que não comesses? Então, disse o homem: A mulher que me deste por esposa, ela me deu da árvore, e eu comi. Disse o Senhor Deus à mulher: Que é isso que fizeste? Respondeu a mulher: A serpente me enganou, e eu comi (Gênesis 3:11-13).

Além da cumplicidade na fuga e da vergonha da nudez, percebemos outras consequências horríveis do pecado na vida conjugal. Deus continua seu interrogatório, primeiro de Adão, depois de Eva, sempre visando à confissão do seu pecado, ao arrependimento verdadeiro e à restauração do relacionamento. Nas palavras de Provérbios 28:13: "O que encobre as suas transgressões jamais prosperará; mas o que as confessa e deixa alcançará misericórdia" (cp. 1João 1:9).

Infelizmente, Adão desperdiçou essa oportunidade de confessar, deixar seu pecado e clamar por misericórdia. Em vez disso, tentou mais uma vez encobrir sua transgressão.

Nessa hora, o casal já começa a colher o fruto podre do seu pecado justamente no relacionamento a dois, feito para ser um reflexo da glória do amor, da comunhão, da unidade e da fidelidade da própria Trindade. Agora a raiz do pecado se manifesta — egocentrismo —, em contraste com a vida "outrocêntrica" que é a vida do Último Adão, Jesus (Marcos 10:45). A partir desse momento, é "cada um por si" na história da humanidade (veja Tiago 4:1-4).

Aqui encontramos conflito conjugal do pior tipo. Em vez de admitir sua culpa, passividade, idolatria, desobediência e rebeldia, Adão continua descendo a escada para o porão do pecado, tentando transferir a culpa para Eva e, por fim, para Deus ("a mulher que [*tu*] me deste"). Todo mundo estava errado, menos ele.

Irônica e tragicamente, a essa altura o casal já reflete atributos do próprio Diabo, o Acusador dos irmãos e o pai da mentira (João 8:44; Apocalipse 12:10,11). Em vez de assumir a culpa, defender a esposa, protegê-la contra uma morte fulminante (como guardião e protetor de *tudo* que se encontrava no Jardim, inclusive de Eva!), o mesmo homem que pouco antes havia cantado "Esta, afinal, é osso dos meus ossos e carne da minha carne" (Gênesis 2:23) agora se vira contra a própria esposa. O homem aponta o dedo em direção a Eva e efetivamente a condena à morte para salvar sua pele. Que exemplo de homem!

Infelizmente, esse mesmo precedente continua até hoje. Homens omissos e passivos preferem culpar aqueles ao seu redor a admitir seu pecado e assumir a responsabilidade por ele. Expõem sua esposa e sua família à tragédia do pecado e das suas consequências em vez de serem os protetores do lar.

Enquanto o primeiro Adão apontou seu dedo para acusar Eva, o Último Adão estendeu seus braços no Calvário para perdoar a igreja. O primeiro, culpado, transferiu a culpa para a esposa. O último, inocente, assumiu a culpa da igreja. O primeiro Adão tentou se salvar ao condenar a esposa a uma morte fulminante. O Último Adão entregou sua vida para que nós não fôssemos condenados.

Somente em Cristo é que esses efeitos trágicos do pecado podem ser revertidos. Somente em Cristo é que homens poderão ser o Adão que Adão nunca foi. Somente em Cristo é que mulheres poderão ser a Eva que Eva nunca foi.

Keller destaca uma aplicação prática para casais que se encontram em conflito: "Ao enfrentar qualquer problema no casamento, a primeira coisa que você deve procurar na base da questão é, em certa medida, o egocentrismo e a indisposição de servir ou ministrar ao outro".[17]

Se aprendemos uma lição desse texto, é que o pecado é horrível. O pecado é devastador. *Nunca* vale a pena!

Nossa tendência é minimizar a seriedade do pecado. Contamos "mentirinhas" e cremos que "errar é humano". Jesus ensinou sobre a seriedade do pecado em Mateus 5:29,30: o pecado deve ser tão temido que tomemos medidas *radicais* para evitá-lo, a ponto de Jesus usar a figura de amputação de membros do corpo para não sermos enredados por ele. Mas o que realmente precisamos não é de uma amputação física dos membros do nosso corpo (hipérbole, no texto), mas de um transplante do coração, o que mais tarde será chamado de "a nova aliança" escrita na tábua do coração.

CONCLUSÃO

Como vemos nesse texto, o pecado é especialmente destrutivo no lar. Homens passivos, egoístas, que se protegem e fogem de prestação de

---

17 Keller, *O significado do casamento*, p. 75.

contas convivem com mulheres ambiciosas, egoístas, insubmissas. Uma receita para o desastre.

O inimigo conseguiu ofuscar a imagem de Deus na beleza do espelho do ser humano. Hoje, ao fitarmos nossa imagem refletida nessa história, exclamamos: "Espelho, espelho meu, existe alguém mais feio do que eu?".

A grande ideia

O pecado ofusca a imagem de Deus no homem!

Para Refletir e Compartilhar

Como nós, homens de hoje, assim como Adão, fugimos da crítica e da confissão da nossa culpa? Reflita sobre isso à luz de Provérbios 28:13 e 1João 1:9.

Como Jesus foi diferente de Adão quando assumiu a nossa culpa? Qual a lição para nós, homens, em meio a conflitos familiares? (Leia Efésios 5:25-33.)

3 | Homens no plano de Deus: a restauração

IMAGINE QUE UM DIA você descobre que alguém está vendendo drogas para seu filho adolescente na esquina da sua rua. O que você faria? Provavelmente, daria um jeito para tirar aquele criminoso de perto da sua casa. Ao mesmo tempo, trabalharia na vida do seu filho para tirá-lo do mundo dos narcóticos.

Quando chegamos na segunda metade da trágica história da queda da raça humana em Gênesis 3, encontramos uma situação análoga. O "traficante" é Satanás; a droga, o pecado; o comprador, o casal Adão e Eva. Na sequência, Deus primeiro vai atrás do traficante e, logo em seguida, disciplina seus filhos.

O pecado perverteu os papéis de homem e mulher e fraturou a família. Mas o que impressiona em Gênesis 3 é o fato de que, mesmo antes de Adão e Eva terem admitido seu pecado, "Deus já está falando em redenção!".[18] *À primeira vista, o único versículo que parece dar qualquer raio de esperança é o 15*, que promete a destruição da serpente (Satanás) pela semente da mulher (Jesus). Mas, depois de examinar o texto mais cuidadosamente, descobrimos que o capítulo inteiro aponta para aquele que é o único Médico capaz de diagnosticar o problema e receitar o remédio. "Se alguém está em Cristo, é nova criatura" (2Coríntios 5:17)!

A primeira evidência da graça de Deus depois do pecado foi o fato de Ele ter interrogado o casal sobre seu pecado. Em vez de matá-los, enquanto o fruto proibido ainda estava sendo saboreado, Deus dá a oportunidade de confissão e restauração. Mas essa gota de promessa vira ondas de graça, como disse o apóstolo João: "E o Verbo se fez carne e habitou entre nós, cheio de graça e de verdade, e vimos a sua glória, glória como do unigênito do Pai. [...] Porque todos nós temos recebido da sua plenitude e *graça sobre graça*" (João 1:14,16).

Como homens, precisamos viver a realidade de que "onde abundou o pecado, superabundou a graça" (Romanos 5:20). Vamos examinar como a graça de Deus triunfa sobre o pecado do homem.

1. A PROMESSA: A DESTRUIÇÃO DA SERPENTE (3:14,15)

> Então, o SENHOR Deus disse à serpente: Visto que isso fizeste, maldita és entre todos os animais domésticos e o és entre todos os animais selváticos; rastejarás sobre o teu ventre e comerás pó todos os dias da tua vida. Porei inimizade entre ti e a mulher, entre a tua descendência e o seu descendente. Este te ferirá a cabeça, e tu lhe ferirás o calcanhar (Gênesis 3:14,15).

O oráculo da maldição começa no versículo 14 e continua até o versículo 19, embora tecnicamente as únicas "maldições" no texto sejam

---

18 Mills, *A bênção de Benjamim*, p. 44.

contra a serpente (14) e a terra (17), não contra o homem ou a mulher. O casal foi *disciplinado, não amaldiçoado*. Alguns hoje enfatizam questões de maldição (hereditária, familiar etc.), quando a ênfase do texto bíblico está na redenção. Essa distinção é importante, pois mais tarde Deus tomaria a maldição do pecado sobre si mesmo, na pessoa de seu Filho: "Cristo nos resgatou da maldição da lei, fazendo-se ele próprio maldição em nosso lugar (porque está escrito: Maldito todo aquele que for pendurado em madeiro)" (Gálatas 3:13).

Essa é a razão por que Deus não matou Adão e Eva logo após o pecado. Seu plano antes da fundação do mundo era sacrificar seu próprio Filho em resgate de muitos. A primeira coisa que Deus fez foi dar esperança a todos nós quando pronunciou julgamento contra a serpente, identificada como Satanás em Apocalipse 12:9.

Após dar a Adão e Eva uma chance de se explicarem e confessarem seu pecado, Deus amaldiçoou a serpente. Ele nem quis ouvir qualquer desculpa. Simplesmente anunciou seu castigo.

Podemos parafrasear as palavras de Deus para Satanás:

"Coma poeira!"
"A luta começou!"
"Você vai perder!"

Pode ser que Deus tenha julgado a serpente primeiro para que Adão e Eva entendessem quanto Ele os amava e para que tivessem um lampejo de seu plano maravilhoso. Deus queria que eles tivessem esperança.

O versículo 15 pronuncia um julgamento que vai muito além da serpente como animal, pois fala da destruição iminente de Satanás. Algum dia, a semente (singular) da mulher iria esmagar a cabeça de Satanás. Na cruz, Jesus efetivamente selou o destino do inimigo, embora Ele mesmo fosse brutalmente castigado.

Encontramos aqui o que é conhecido como o *proto evangelium*, a primeira promessa das boas-novas do Evangelho. Normalmente, a "semente" vem do homem. Mas aqui a semente é da mulher, talvez o primeiro vislumbre nas Escrituras do nascimento virginal de Cristo (cp. Hebreus 2:13; Isaías 53:10; Romanos 16:20; 1Pedro 1:19,20). Jesus é "o descendente", prometido desde o Jardim, que tomou sobre si a sentença do nosso pecado, mas deu um golpe fatal à Morte. A Morte morreu em Cristo. A maldição caiu sobre aquele que foi pendurado no madeiro, apesar de que Ele mesmo nunca tivesse pecado. E, assim, foi Ele, o Deus-Homem, que iria sentir as maiores consequências do nosso pecado. Ele mesmo suportaria o que nós merecíamos — a morte e a eterna separação do Pai.

> **PARA REFLETIR E COMPARTILHAR**
>
> Como você responde à afirmação: "Deus me ama demais para me disciplinar ou me deixar triste"? Veja Hebreus 12:5-11.
>
> Qual a importância do fato de que Satanás e a terra são amaldiçoados, mas o homem não?
>
> Por que é importante ressaltar que as boas--novas do Evangelho começam com as más notícias do julgamento divino contra o pecado? Como isso afeta nosso evangelismo, inclusive dos nossos próprios filhos?

2. O CASTIGO: LEMBRANÇA DA NECESSIDADE DIÁRIA (16-20)

O amor de Deus manifesta-se em sua disciplina do pecado, por meio de lembranças diárias que Ele teceu no pano do universo e da nossa existência com respeito à natureza pecaminosa e nossa necessidade *dele*. Hebreus, citando Provérbios, nos diz que Deus nos disciplina como bom Pai (Hebreus 12:5-11; Provérbios 3:11,12). O que alguns consideram uma "maldição" é disciplina que faz parte da *cura. A cura do pecado começa quando vemos nossa necessidade do Médico e do seu remédio!* Nunca chegaremos à cruz de Cristo até que compreendamos o estado devastador em que nos encontramos (Hebreus 4:12-16)!

Há graça em toda essa história e em toda disciplina bíblica. Se Deus tivesse se mantido distante ou indiferente diante do nosso pecado, poderia ter fulminado o casal ou simplesmente abandonado os dois na miséria de seu pecado. Mas não foi isso que Deus fez. Ele interveio. Deus providenciou lembranças constantes de que o mundo não é como deveria ser. Por isso, precisamos dele. O primeiro passo da salvação é o conhecimento da necessidade do coração! Esse é um esboço do Evangelho, que sempre começa com as más notícias que nos levam até as boas. Por isso, o livro de Romanos começa com a condenação de todos (Romanos 1:18—3:20) para depois revelar as boas-novas da salvação em Cristo (Romanos 3:21ss.).

Agora veremos como a disciplina divina operou em três esferas, *que correspondem item por item aos três propósitos pelos quais Deus nos criou!*

A. Dor na criação de filhos (16a)

> E à mulher disse: Multiplicarei sobremodo os sofrimentos da tua gravidez; em meio de dores darás à luz filhos... (Gênesis 3:16a).

A palavra "multiplicarei" é significativa. A primeira vez que a encontramos foi na "Grande Comissão" de Gênesis 1:28: "Multiplicai-vos, enchei a terra". Um propósito pelo qual Deus fez o ser humano foi para *reproduzir* sua imagem em novos adoradores que iriam estender o domínio do Jardim até os confins da terra. Então, a disciplina mostra como o pecado deu um golpe nesse propósito para a família.

Há poucas coisas na vida que nos lembram tanto nossa necessidade de um Salvador mais do que a criação de filhos. Filhos são um reflexo do nosso coração, do nosso egoísmo, da nossa cobiça, da nossa desobediência. Desde Gênesis 3, os filhos nascem com estultícia (pecado) no coração (Provérbios 22:15), distantes do Criador, carentes de um resgate espiritual.

Em vez de reproduzir imagens nítidas de Deus como fruto da sua união, o casal agora introduzirá pecadores em quem a imagem de Deus ficou distorcida. A palavra "multiplicar" tragicamente aparecerá uma terceira vez em Gênesis 6, mas com tons sombrios: "Como se foram *multiplicando* os homens na terra [...] viu o SENHOR que a maldade do homem se havia *multiplicado* na terra e que era continuamente mau todo desígnio do seu coração" (6:1,5).[19]

A primeira família experimentou as consequências catastróficas do pecado e do desfiguramento da imagem de Deus. No próximo capítulo de Gênesis, mamãe Eva e papai Adão irão experimentar a "multiplicidade da dor" associada à criação de filhos, quando o primogênito Caim mata seu próprio irmão.[20] Em um só dia, os pais perderam seus dois filhos. Um assassinado pelo outro, que virou fugitivo na terra. Caim destruiu a imagem de Deus em seu próprio irmão quando matou Abel (Gênesis 4:8). Daquele ponto em diante, as Escrituras sutilmente sublinham a complexidade de cumprir a "Grande Comissão". Procuramos em vão por exemplos de "famílias perfeitas" na história sagrada. Noé, Abraão, Moisés, Jacó, Eli, Samuel, Davi e Salomão são somente alguns dos "heróis" bíblicos que tiveram a vida marcada por rebeldia, intriga, imoralidade e indisciplina no contexto familiar — lembranças vívidas da necessidade que o homem tem da graça de Deus.

A família hoje precisa buscar a redenção e a restauração da imagem de Deus para poder perpetuar um legado piedoso na terra. Deus queria que o reflexo da sua imagem e a expansão do seu reino pelo mundo fossem multiplicados pelos pais através dos seus filhos. As exortações sobre a paternidade que se seguem nas Escrituras enfatizam o processo de resgate da imagem e formação espiritual dos filhos. De acordo com vários textos (Deuteronômio 6:4-9; Salmos 78:1-8; Efésios 6:4; Colossenses 3:21), os pais (especialmente o pai) têm a responsabilidade dada por Deus para transmitir sua fé pelo discipulado e disciplina dos filhos.

A primeira responsabilidade dos pais é levar a criança à conversão pelo reconhecimento da miséria do seu coração até a provisão da graça

---

19 Deus queria que a família refletisse sua imagem e expandisse seu reino através do serviço mútuo e complementar. Mas a queda do homem no pecado complicou demais a tarefa. Mesmo assim, o mandato para multiplicar e encher a terra foi repetido depois da queda para Noé em Gênesis 9:7.

20 Note quantas vezes "teu irmão" é repetido no texto.

de Deus na cruz e ressurreição de Cristo. Os pais precisam levar seus filhos cada vez mais em direção à imagem de Cristo (Romanos 8:29; 2Coríntios 3:18; Filipenses 1:6).

B. Conflito conjugal (16b)

> O teu desejo será para o teu marido, e ele te governará (Gênesis 3:16b).

O percurso do pecado já desencadeou uma reversão de papéis na hierarquia funcional familiar. Seus efeitos desastrosos foram carimbados por Deus como parte do castigo pelo pecado e têm suas sequelas até hoje. Já vimos o início do conflito conjugal quando Adão fez o "jogo do Diabo" e culpou sua mulher. Agora Deus anuncia que, a partir daquele momento, haveria uma concorrência entre homem e mulher em vez de contentamento e realização dentro dos respectivos papéis que Deus lhes determinara na criação.

O Éden começou com uma perfeita complementação mútua entre homem e mulher, com igualdade no ser e diferença no fazer, em que o homem assumiria normalmente o papel de líder amoroso e a mulher, o de auxiliadora idônea. Tudo isso mudou em Gênesis 3:16. Percebemos que o primeiro propósito pelo qual Deus criara o casal também foi atingido em cheio. *Refletir* a imagem de Deus pela unidade na diversidade agora se tornara competição e conflito.

Para compreender o significado da frase "O teu desejo será para (ou *contra*) o teu marido, e ele te governará", precisamos compará-la à expressão quase idêntica usada por Deus em sua advertência para Caim no capítulo seguinte: "o seu desejo [o pecado] será contra ti, mas a ti cumpre dominá-lo". Os mesmos vocábulos hebraicos aparecem em Gênesis 4:7, referindo-se ao pecado que jazia à porta de Caim, cujo desejo era para (contra) ele, mas que cabia a Caim *dominar* o pecado. Em outras palavras, Deus prevê como resultado da queda uma nova luta entre homem e mulher, caracterizada por *competição*, não mais *complementação*.

A liderança (direção, comando, autoridade) do marido a partir daquele momento seria egocêntrica, impositiva, soberana ou rigorosa. Ele nem sempre irá liderar de modo virtuoso.

Não é como as coisas *devem* ser, mas como *serão*, tudo isso por causa do pecado. Essa é mais uma lembrança de que homens e mulheres precisam desesperadamente da intervenção divina para redimir e restaurar a família. Feminismo (a mulher usurpando o papel do homem de liderar) e machismo (o homem deixando de proteger a mulher; antes, oprimindo-a) entraram para valer na história da humanidade. E talvez, pior que ambos, o comodismo por parte do homem em permitir que tudo isso acontecesse!

C. Trabalho doloroso (17-19a)

> E a Adão disse: Visto que atendeste a voz de tua mulher e comeste da árvore que eu te ordenara não comesses, maldita é a terra por tua causa; em fadigas obterás dela o sustento durante os dias de tua vida. Ela produzirá também cardos e abrolhos, e tu comerás a erva do campo. No suor do rosto comerás o teu pão... (Gênesis 3:17-19a).

Além de tudo isso, o trabalho, outrora frutífero e realizador, agora será uma lembrança durante pelo menos seis dias por semana de que o pecado estragou tudo. O governador da terra que se rebelou contra seu Criador agora sofrerá diante da rebeldia da terra contra seu governador.

Cabe mais uma observação do texto que muitas vezes passa despercebido. Ao abordar o homem pela culpa do seu pecado, Deus começa dizendo: "Visto que atendeste a voz de tua mulher...". Somente depois disso é que Deus diz: "e comeste da árvore que eu te ordenara não comesses" (Gênesis 3:17). Sem tentar decifrar qual foi o primeiro pecado "oficial", no mínimo podemos dizer que Deus levou muito a sério o fato de Adão ter abandonado seu papel como líder do lar e guardião do Jardim e da Palavra do Senhor!

D. Morte (19b)

> Até que tornes à terra, pois dela foste formado; porque tu és pó e ao pó tornarás (Gênesis 3:19b).

A morte também nos lembra nossa necessidade de um Salvador. No fim, a terra ganha.

Quando reparamos no estrago feito pelo pecado, principalmente em termos dos propósitos pelos quais Deus fez a raça humana em geral e a família em particular, parece que tudo estava perdido. Somente a Semente da mulher, o Filho do homem, Jesus, será capaz, conforme Romanos 8:2, de absorver o aguilhão doloroso chamado morte para nos livrar da lei do pecado e da morte: "Onde está, ó morte, a tua vitória? Onde está, ó morte, o teu aguilhão? O aguilhão da morte é o pecado, e a força do pecado é a lei. Graças a Deus, que nos dá a vitória por intermédio de nosso Senhor Jesus Cristo" (1Coríntios 15:55-57).

O medo da morte que cativou todos os homens desde Gênesis 3:19 foi vencido em Cristo:

> Jesus, por causa do sofrimento da morte, foi coroado de glória e de honra, para que, pela graça de Deus, provasse a morte por todo homem. [...] Visto, pois, que os filhos têm participação comum de carne e sangue, destes também ele, igualmente, participou, para que, por sua morte, destruísse aquele que tem o poder da morte, a saber, o diabo, e livrasse todos que, pelo pavor da morte, estavam sujeitos à escravidão por toda a vida (Hebreus 2:9,14,15).

Em cada aspecto da nossa vida — no lar, no relacionamento marido-esposa, na criação dos filhos, no trabalho, na morte —, somos lembrados do pecado. Note mais uma vez que, como o princípio da lei de talião, o ato de colher o que semeamos permeia o texto:

- Pecamos comendo; agora sofreremos para comer.
- O homem seguiu a liderança da mulher passivamente até o pecado; agora ela tentará liderá-lo ativamente.

- O pecado desfigurou a imagem de Deus em seus filhos; agora eles sofrerão a dor causada pelos filhos pecaminosos.
- O pecado do homem trouxe trabalho doloroso para toda a criação, que geme; agora ele gemerá no trabalho doloroso.
- A serpente destruiu a raça humana com o veneno do pecado; agora a serpente será destruída pela Semente da mulher.

A disciplina nos lembra de que precisamos de alguém, a Semente da mulher, para cancelar nossa dívida. Está além da nossa capacidade pagá-la. Sem Ele, estamos perdidos.

PARA REFLETIR E COMPARTILHAR

Em que sentido a disciplina é sinal de amor? Como Deus demonstrou seu amor e sua graça para Adão e Eva logo depois do seu pecado?

Como a disciplina atingiu cada um dos três propósitos pelos quais Deus criou o homem (refletir, reproduzir e representar a glória de Deus)? Como podemos resgatar o que foi perdido no Jardim?

Se encararmos nossas lutas na vida (no lar, na criação dos filhos, no trabalho) pela ótica de disciplinas divinas que nos lembram nossa necessidade de um Redentor, como isso pode melhorar nossa perspectiva?

3. A RESPOSTA DE ADÃO: FÉ (20)

E deu o homem o nome de Eva a sua mulher, por ser a mãe de todos os seres humanos (Gênesis 3:20).

Nessa altura do texto, o inesperado acontece. Incrivelmente, Adão responde à declaração de disciplina com uma afirmação que revela como ele encarava o castigo divino. Em vez de continuar em sua rebeldia, parece que Adão se curva diante da disciplina divina.

Logo após a profecia de óbito dele e da raça humana, Adão faz uma declaração que indica que ele entende que Deus acabara de lhe oferecer *vida*. Parece que Adão agarrou-se na promessa de Gênesis 3:15 de que uma semente da mulher, Eva, seria seu próprio Redentor.

Nesse momento, Adão exerce mais uma vez sua prerrogativa de vice-regente de Deus, dando nome novamente à mulher (3:20; cf 2:23: "chamar-se-á varoa, porquanto do varão foi tomada"). E pela segunda vez Adão usa um jogo de palavras para caracterizar o que a mulher significava para ele.

À luz do decreto de morte no versículo 19, Adão poderia ter chamado sua esposa de "Mortícia". Mas, em vez de focar a morte iminente, ele deu o nome de "Eva", ou seja, "Vida", à mulher. Assim, ele revela sua esperança de que a Semente dela traria o antídoto do veneno do pecado. A explicação dada no texto deixa isso ainda mais claro: "por ser a mãe de todos os seres humanos". Fica difícil perceber em português o jogo de palavras que Adão usa para justificar o nome "Vida" (Eva) para a esposa. Três das próximas cinco palavras depois do nome "Eva" usam consoantes da palavra "Eva" no hebraico que reforçam muito a ideia de "vida", como se o texto gritasse: "vida, vida, vida!". Cada vez que Adão ouvisse um dos seus filhos gritando "Mãêêêê!", ele seria lembrado da esperança da *vida*!

Você já abraçou, pela fé, o sacrifício de Jesus na cruz e sua ressurreição da morte como a provisão do *seu* perdão dos pecados? As boas-novas do Evangelho começam com as más notícias de que "todos pecaram e carecem da glória de Deus" (Romanos 3:23). Mas Deus fez o que nós nunca poderíamos fazer, quando entregou seu Filho amado, sem pecado, para absorver a justa ira de Deus contra nosso pecado (Romanos 5:8; João 3:16). Sua morte na cruz estendeu a possibilidade de perdão para todos aqueles que o aceitam pela fé (João 1:12). Sua ressurreição deixou claro que nenhum pecado restou para prendê-lo no túmulo e que agora sua vida está disponível para nós (1Coríntios 15:1-4). Quando nos arrependemos ("mudamos de mente") de nosso pecado e de nossas tentativas fúteis de ganhar a salvação pelos nossos méritos e confiamos única e exclusivamente em Cristo para nossa salvação, nascemos de novo (Efésios

2:8,9; João 3:3). Não há mais condenação para nós, por estarmos agora "em Cristo Jesus" (Romanos 8:1). O fato de nascermos de novo muda tudo em nossa vida, mas as boas obras vêm *depois* do novo nascimento, não como condição dele (2Coríntios 5:17; Efésios 2:8-10).

Se você nunca confiou em Cristo, essa é a decisão mais importante de sua vida e pode acontecer agora mesmo. Se não sabe como fazer isso, peça que um amigo o ajude.

Se já é "nascido de novo", você consegue explicar o evangelho de forma clara e objetiva para outras pessoas? Você faz isso?

4. A PROVISÃO DE DEUS: SACRIFÍCIO (3:21-24)

A religiosidade humana foi um fracasso total. O homem não conseguiu religar-se a Deus. Deus tinha que tomar a iniciativa. Foi o que Ele fez.

A. Sacrifício (21)

Fez o Senhor Deus vestimenta de peles para Adão e sua mulher e os vestiu (Gênesis 3:21).

Mais uma vez, encontramos palavras de esperança. Nessa altura, Deus intervém e faz roupas para cobrir a nudez do casal. As folhas de figueira usadas por eles foram tristemente inadequadas num mundo marcado pelo pecado. Mas, para cobrir mesmo a sua nudez, a morte era necessária. Alguns animais precisavam morrer e ter seu sangue derramado para cobrir a vergonha. Isso constitui uma "prévia" do que Jesus faria por nós na cruz: "Sem derramamento de sangue, *não há remissão* [do pecado]" (Hebreus 9:22). Somente Deus pode nos vestir com sua própria justiça pelos méritos de Jesus (2Coríntios 5:21; veja Zacarias 3:1-5).

Você notou o simbolismo aqui? Sentiu o vento de esperança? Sozinhos, jamais teríamos esperança de endireitar nossos relacionamentos. Nossas "folhas" são totalmente inadequadas. Mas Jesus — o Cordeiro de Deus — se prontifica a cobrir nosso pecado e nos vestir com sua retidão. O paraíso *foi* perdido. No entanto, por intermédio de Jesus Cristo — e somente por meio dele — o paraíso pode ser restaurado.[21]

B. A "sentença": resgate do "inferno sobre a terra" (3:22-24)

> Então, disse o Senhor Deus: Eis que o homem se tornou como um de nós, conhecedor do bem e do mal; assim, que não estenda a mão, e tome também da árvore da vida, e coma, e viva eternamente. O Senhor Deus, por isso, o lançou fora do jardim do Éden, a fim de lavrar a terra de que fora tomado. E, expulso o homem, colocou querubins ao oriente do jardim do Éden e o refulgir de uma espada que se revolvia, para guardar o caminho da árvore da vida (Gênesis 3:22-24).

O capítulo fecha com mais uma demonstração da incrível graça de Deus. Pelo fato de que o homem e sua esposa agora vivem num estado de imperfeição moral como pecadores, há novo perigo. A árvore da vida, também no Jardim, representava uma ameaça enorme para a humanidade. Deus barra o caminho para a árvore a fim de que o homem "não estenda a mão, e tome também da árvore da vida, e coma, *e viva eternamente*" (3:22).

Qual seria o perigo de comer da árvore da vida e viver eternamente? Podemos entender que, se o casal fosse comer daquela árvore, iria selar seu destino e presumivelmente o destino dos seus descendentes, deixando-os no estado de eternos pecadores, afastados da presença de Deus.

---

21 Kassian e DeMoss, *Design divino*, p. 135.

Eles seriam condenados a viver para sempre como pecadores imortais — como mortos ambulantes, um inferno vivo, de eterna separação da presença de Deus. E pode ser que Deus tenha impedido o acesso à árvore da vida justamente para garantir que seu Filho fosse mortal e um dia pudesse morrer pelos nossos pecados — o paradoxo que o compositor Charles Wesley captou quando escreveu seu hino "And Can it Be?" ("E pode ser?"): "É mistério: O Imortal morre!".[22]

Por isso, Deus barra o caminho para a árvore da vida, para o bem do casal — e de todos nós. Mas, ao barrar o acesso da humanidade à árvore da vida, Deus abriu o caminho para seu Filho até o Calvário e à árvore da morte, chamada cruz. A árvore da morte para Adão e Eva e toda a humanidade se transformou numa árvore de vida na cruz de Cristo, onde nossos pecados foram pregados. Porque Ele morreu, nós podemos viver para sempre.

CONCLUSÃO

As nuvens de desespero do Jardim do Éden viraram raios de esperança no jardim de Getsêmani. Jesus Cristo recebeu o cálice da morte do seu próprio Pai, para depois dar um golpe fatal na maldição. Sua morte e ressurreição marcaram o começo do fim para as consequências do pecado. Jesus Cristo, a "imagem" de Deus Pai, um homem perfeito, vestiu-se de carne humana para resgatar o homem (João 1:14). Esse é o maior milagre da história — o milagre do Calvário: "Se alguém está em Cristo, é nova criatura; as coisas antigas já passaram; eis que se fizeram novas" (2Coríntios 5:17).

Há possibilidade de reconstruir relacionamentos familiares, por causa da obra redentora de Cristo Jesus. Embora algumas consequências do pecado permaneçam, mesmo depois de alguém crer em Jesus como seu Salvador pessoal, Deus oferece uma nova vida em Cristo. Assim como

---

22 Charles Wesley, "And Can it Be", 21 de maio, 1738, disponível em: <https://www.thegospelcoalition.org/blogs/justin-taylor/charles-wesleys-and-can-it-be-background-and-scriptural-allusions/>, acesso em: 10 de janeiro, 2018.

os efeitos da queda distorceram a imagem de Deus na família, a restauração em Cristo é capaz de reverter o quadro para o ideal bíblico.

Um dia, nós, que estamos "em Cristo", voltaremos para o Paraíso. Um dia, comeremos da árvore da vida e seremos para sempre selados na posição de filhos de Deus, vestidos somente pela justiça de Cristo. Naquele dia, não haverá mais maldição, nem morte, nem consequências do pecado, a não ser as marcas dos pregos nas mãos de Jesus. Andaremos com Deus novamente na cidade-jardim do novo mundo. A Deus, demos glória (Apocalipse 22:1-5)!

A grande ideia

Na família, no trabalho, na vida e na morte descobrimos nossa necessidade constante de um Redentor.

Para Refletir e Compartilhar

O que aconteceu com o plano perfeito de Deus para o homem (e a mulher)? Como é que entramos nessa situação? Qual a solução?

Em que sentido vemos hoje manifestações de feminismo e machismo no relacionamento homem-mulher?

Que diferença o evangelho deve fazer no resgate do propósito de Deus para o homem?

Quais as áreas em sua vida nas quais Deus ainda quer trabalhar para reverter os efeitos da queda do homem no pecado?

Para começar, pense na lista de pecados que segue. Onde sua luta é maior?

- Ira
- Cobiça
- Orgulho
- Egoísmo
- Inveja
- Mágoas
- Sensualidade
- Pensamentos maus
- Mentira
- Indisciplina
- Impaciência
- Falta de amor

4 Homens que andam com Deus

PERTO DA IGREJA ONDE fui ordenado pastor nos Estados Unidos, há um cemitério antigo. Várias vezes, resolvi deixar o gabinete pastoral e dirigir-me àquele cemitério. Você pode achar isso estranho, mas, enquanto passeava por suas ruas, eu lia as inscrições nos túmulos, procurando imaginar como tinha sido a vida daquelas pessoas, suas alegrias, tristezas, família, carreira e vida com Deus.

Essa experiência sempre me leva a pensar sobre a minha própria vida. O que eu gostaria que as pessoas soubessem a meu respeito após a minha morte? Quem fosse ao cemitério e visse meu epitáfio, o que iria ler? Pensar nisso não é algo tão estranho, pois o próprio Salomão mencionou que tal exercício é salutar: "Melhor é ir à casa onde há luto do que ir à casa onde há banquete, pois naquela se vê o fim de todos os homens; e os vivos que o tomem em consideração" (Eclesiastes 7:2).

Existe outro cemitério que gosto de visitar. Esse, porém, se encontra na Palavra de Deus. Nele descobri que há, sim, esperança para pessoas que, como eu, desejam viver uma vida de verdadeiro significado. Esse cemitério se encontra em Gênesis 5.

Quando entramos nesse cemitério, encontramos um resumo da vida de várias pessoas. Na primeira quadra, está o túmulo de Adão, e seu epitáfio diz: "Viveu ao todo 930 anos e morreu" (Gênesis 5:5). Mais adiante, encontramos o de Sete, que diz: "Viveu ao todo 912 anos e morreu" (Gênesis 5:8). Continuamos andando e encontramos os túmulos de Enos, Cainã, Maalaleel e Jarede. Em todos eles as palavras se repetem: "Viveu tantos anos e morreu".

No entanto, de repente encontramos um memorial diferente. Em vez do triste refrão "e morreu", descobrimos uma placa comemorativa que diz: "Enoque andou com Deus":

> Aos 65 anos, Enoque gerou Matusalém. Depois que gerou Matusalém, Enoque andou com Deus 300 anos e gerou outros filhos e filhas. Viveu ao todo 365 anos. Enoque andou com Deus; e já não foi encontrado, pois Deus o havia arrebatado (Gênesis 5:21-24, NVI).

O Antigo Testamento destaca três indivíduos que "andavam com Deus": Enoque, Noé e Abraão. Enoque e Elias são os únicos homens que a Bíblia menciona que escaparam da morte, pois Deus os tomou para si. O espaço para o sepulcro de Enoque está vazio. Isso indica para nós que há esperança de uma vida mais profunda e cheia de significado. Claro, todos nós nascemos, vivemos e morremos. Mas não precisamos passar pelo círculo vicioso de vida e morte como hamsters numa roda viva! Podemos andar com Deus! Por trás das nuvens negras da morte brilham raios de esperança para todos nós. Como homens, podemos aprender lições importantes sobre o legado de um homem que anda com Deus.

1. QUEM ANDA COM DEUS VIVE EM SUA PRESENÇA (GÊNESIS 5:1-20)

Deus havia dito a Adão que sua desobediência acarretaria sua morte. Contudo, 900 anos se passaram. Embora Abel já tivesse morrido, Adão ainda estava vivo. O leitor de Gênesis 1 a 4 poderia perguntar: "Será que Satanás tinha razão quando disse que Adão e Eva não morreriam por sua desobediência?". O capítulo 5 comprova a veracidade da advertência divina com a repetição do canto fúnebre: "E morreu...", "E morreu...", "E morreu...". Ninguém escapa. A morte é a triste realidade e a consequência natural do pecado.

A morte nunca foi o plano de Deus para este mundo. Em Gênesis 3, vimos como Deus criou o homem e a mulher à sua semelhança, feitos para serem abençoados e abençoar, com vida e comunhão constante e amorosa com Deus. Eles, porém, caíram debaixo da maldição da morte por sua desobediência e traição. A morte passou a reinar na raça humana em razão do pecado. Aqueles que foram feitos para viver são agora destinados a morrer, voltando ao pó, vítimas da serpente, que agora também come pó.

A partir de então, a vida pareceu perder o sentido. O homem entrou num círculo vicioso de nascer, crescer, gerar filhos, aposentar-se e morrer. Oito vezes em Gênesis 5, fileira após fileira do cemitério, vemos essa monotonia mortal. Até chegarmos ao versículo 21.

De repente, algo inédito acontece. Uma quebra dramática da narrativa é feita. Enoque não "morreu"; ele andou com Deus, e Deus o levou. Andar com Deus está um degrau acima do simples viver. O texto destaca duas vezes que Enoque andava com Deus para mostrar que a vida dele foi uma exceção à regra. Em meio aos homens que viviam na roda viva que culminava em morte, Enoque descobriu o segredo de viver. Não precisamos nos entregar a uma vida insignificante, rotineira e sombria, como mortos ambulantes. O segredo de uma vida significativa é andar com Deus.

Enoque rompeu o círculo vicioso. Achou significado na vida muito acima de seus contemporâneos. Viveu como luz e sal da terra. Era uma pessoa que inspirava esperança, um verdadeiro raio de esperança em meio às trevas do pecado. Ele voltou a andar com Deus, mesmo estando fora do Jardim, como Adão e Eva haviam feito por tão pouco tempo dentro dele. E hoje Jesus nos propõe a mesma coisa, segui-lo para andar na luz e ter comunhão com ele:

> De novo, lhes falava Jesus, dizendo: Eu sou a luz do mundo; quem me segue não andará nas trevas; pelo contrário, terá a luz da vida [...] e conhecereis a verdade, e a verdade vos libertará [...] eu vim para que tenham vida e a tenham em abundância (João 8:12,32; 10:10b).

O apóstolo Paulo também nos chama para "andar em Cristo": "Ora, como recebestes Cristo Jesus, o Senhor, assim *andai nele*" (Colossenses 2:6). Mas o que significa "andar com Jesus"? Infelizmente, o linguajar do cristão muitas vezes inclui termos que falamos muito, mas entendemos pouco. Expressões como "o temor do Senhor", "glorificar a Deus" e "andar com Deus" precisam ser esclarecidas para que nossa prática seja condizente com nossa palavra.

"Andar" no Novo Testamento traz a ideia de "conduzir a vida", ou "comportar-se". Assim como quem pratica o "temor do Senhor", o andar com Jesus significa estar sempre ciente da presença de Jesus em todos os momentos da vida *e viver em conformidade com a vontade dele* em cada circunstância.

Quem anda com Deus não arquiva sua fé numa gaveta chamada "domingo". Deus não fica numa prateleira no canto do porão de sua vida, sempre perto (caso aconteça uma "emergência"), mas pouco presente, certamente não relevante para seu dia a dia. Andar com Deus significa viver ciente da sua presença em toda a vida. Implica uma comunhão com Deus e uma dependência constante dele, uma desconfiança do "eu" e uma profunda confiança nele (Provérbios 3:5,6). Quem anda com Deus está tão ciente da sua própria incapacidade que vive a realidade das palavras de Jesus: "Sem mim nada podeis fazer" (João 15:5).

A vida cristã significa "praticar a presença de Jesus" nas situações mais corriqueiras ao longo do dia, em conversa com ele:

- no trânsito;
- diante de uma decisão;
- ao enviar um recado numa mídia social;
- no meio do jogo;
- ao fechar um contrato;
- ao disciplinar uma criança;
- no aconselhamento de outra pessoa;
- enquanto toma banho;
- diante de uma tentação;
- ao acordar ou ao pegar no sono.

Enoque soube viver na presença de Deus e, assim, cultivou uma vida santa e agradável a Deus.

Como está seu andar com Deus? Como vai sua comunhão com Jesus?

Para Refletir e Compartilhar

Quais as épocas em sua vida em que você mais andou com Deus? De 1 a 10, como avaliaria essa área da sua vida hoje? Como poderia melhorar?

Por que é tão difícil para nós como homens "praticar a presença de Jesus" em nossa vida? Como podemos ficar mais cientes da sua presença efetiva em nossa vida durante o dia todo e todo dia?

2. QUEM ANDA COM DEUS VIVE PELA FÉ

Como romper os ciclos de mera existência de nascer, estudar, casar, trabalhar, ter filhos, aposentar-nos e morrer? Em outras palavras, como andar com Deus em cada uma dessas etapas da vida e transformá-las à luz da presença eterna e santa de Deus?

A vida de Enoque nos traz a resposta. Ela nos mostra a graça de Deus no meio de um dos capítulos mais tristes da Bíblia. Na vida de Enoque, a marcha fúnebre parou de vez, e só ouvimos a melodia da vitória. Para escapar do aguilhão da morte, precisamos andar com Deus pela fé. Embora o autor não explique em Gênesis 5 o significado de "andou com Deus", descobrimos mais tarde nas Escrituras o que isso implica.

Enoque não atingiu esse ideal de vida pelos seus próprios esforços, mas, sim, pela fé. O autor de Hebreus interpreta o que Gênesis descreve como "andar com Deus". Significa viver pela fé na presença de Deus:

> Pela fé, Enoque foi trasladado para não ver a morte; não foi achado, porque Deus o trasladara. Pois, antes da sua trasladação, obteve testemunho de haver agradado a Deus. De fato, sem fé é impossível agradar a Deus, porquanto é necessário que aquele que se aproxima de Deus creia que ele existe e que se torna galardoador dos que o buscam (Hebreus 11:5,6).

A maior evidência de uma fé viva é viver na presença de Cristo. Enoque tinha um Deus tão grande e um "eu" tão pequeno que a única opção para ele foi viver à sombra desse grande Deus. Ele não confiava em seus próprios pensamentos, sonhos e planos (Jeremias 17:9; Isaías 55:8,9), mas, sim, confiava que Deus existe e que galardoa aqueles que andam com Ele. Enoque acreditava que valia a pena andar com Deus e nele confiar, apesar das pressões da sociedade pecaminosa e incrédula ao redor.

O verbo traduzido por "andar" (Gênesis 5:22) traz a ideia de "passear para lá e para cá", sempre na presença de Deus. É o mesmo termo usado para descrever Deus enquanto andava no Jardim do Éden à procura de Adão e Eva (Gênesis 3:8). Também foi usado por Abraão em Gênesis 13:17, quando Deus o mandou examinar a Terra Prometida de uma extremidade a outra, "de lá para cá". Significa viver todos os momentos, tomar todas as decisões, avaliar todos os pensamentos e consultar em todas as dúvidas o Criador do universo.

Ninguém anda com Deus puxando-o como uma criança puxa o pai para ir à loja de brinquedos. Não somos "colegas" de Deus. Na verdade, é Ele quem nos dirige, guia e direciona, e nós apenas o seguimos. Quem quer andar com Deus pela fé precisa entregar a escolha para Ele, ir aonde Ele for e fazer o que Ele fizer. Vive ciente, pela fé, da presença constante de Deus ao seu lado e toma as decisões de acordo com isso. Essa é a vida sábia que o autor de Provérbios descreve como o "temor do Senhor" — uma vida vivida constantemente na presença do Deus majestoso e temível, gracioso e amável.

No caso de Enoque, parece que seu andar com Deus foi influenciado pela responsabilidade da paternidade. Um detalhe no texto que algumas versões não captam diz: "E andou Enoque com Deus, *depois que gerou a Metusalém*, trezentos anos e gerou filhos e filhas" (Gênesis 5:22, ARC).

A implicação é que alguma coisa mudou na vida de Enoque depois do nascimento de seu primeiro filho. Alguma coisa o motivou a andar com Deus, e assim ele fez durante o resto de sua vida, até que Deus o tomou.

> Enoque andou com Deus porque era seu amigo e gostava de sua companhia, porque estava indo na mesma direção que Deus e não tinha desejo por nada a não ser o que estivesse no caminho de Deus. Andamos com Deus quando Ele está em todos os nossos pensamentos; não porque pensamos conscientemente nele em todo tempo, mas porque Ele é naturalmente sugerido para nós por tudo que pensamos; [...]
> Quando [a pessoa que anda com Deus] cai em pecado, ela não consegue descansar até que volte para seu lugar ao lado de Deus para andar de novo com Ele. Essa é a natureza do andar com Deus: é um desejo constante de abrir nossa vida para a inspeção divina e em conformidade com a sua vontade; uma prontidão de abandonar tudo que causa qualquer mal entendido entre nós e Deus; um sentimento de solidão se não conseguirmos manter comunhão com Deus; uma frieza e sentimento de desespero quando fazemos algo que não agrada a Deus. [...]
> É fácil então entender como podemos andar com Deus: abrimos para Ele todos os nossos propósitos e esperanças, buscamos sua avaliação sobre nossos planos de vida e conceitos de contentamento — significa ser totalmente amigo de Deus.[23]

---

23 Marcus Dodds, citado em Allen P. Ross, *Creation and Blessing* (Grand Rapids: Baker Academic, 1997).

> **PARA REFLETIR E COMPARTILHAR**
>
> Por que o andar com Deus exige fé em que Ele existe e galardoa aqueles que o buscam? Por que isso agrada tanto a Deus?
>
> Por que muitos jovens que se afastaram de Deus na juventude voltam para Ele e para a igreja depois de se casarem e terem seu primeiro filho?

3. QUEM ANDA COM DEUS VIVE ABENÇOANDO SUA FAMÍLIA

Enquanto os que vivem sem Deus procuram saciar sua sede de significado com injeções de adrenalina e aventura cada vez maiores, aqueles que andam com Deus pela fé conseguem se deleitar nos detalhes mais rotineiros de sua vida. Eles já descobriram que "todas as coisas cooperam para o bem daqueles que amam a Deus..." (Romanos 8:28). A presença de Deus ilumina cada detalhe de nossa vida e nos torna pessoas satisfeitas. Podemos agradecer a Deus pelo café da manhã, louvá-lo por nossa saúde, ser gratos pela camisa que vestimos, tudo porque Deus está conosco e sentimos seu amor nesses detalhes de nossa vida. Com a presença de Deus, conseguimos passar "pelo vale da sombra da morte", porque sabemos que Deus está conosco e que está nos levando para sua casa (Salmos 23:4-6).

A presença de Deus traz sentido para os detalhes da nossa vida, e por meio dela deixamos um legado para nossa família. Metusalém, filho de Enoque, viveu até o ano do Dilúvio e, segundo as Escrituras, viveu mais do que qualquer outro homem na face da terra. Isso sugere que ele aprendeu com seu pai o que significava, primeiro, obedecer a Deus e, segundo, honrar aos pais (Efésios 6:3). Noé, bisneto de Enoque, foi escolhido por Deus para salvar o mundo no tempo do Dilúvio. Ele, como seu bisavô Enoque, "andava com Deus" (Gênesis 6:9). Com certeza, aprendeu o temor a Deus porque aprendeu de sua família o que significava honrar a Deus.

O salmista reconheceu esse benefício de quem anda com Deus. O Salmo 128 mostra a bênção que é a vida do homem que teme a Deus, anda em seus mandamentos e, dessa forma, abençoa o mundo ao seu redor:

> Bem-aventurado aquele que teme ao Senhor e anda nos seus caminhos!
> Do trabalho de tuas mãos comerás, feliz serás, e tudo te irá bem.
> Tua esposa, no interior de tua casa, será como a videira frutífera; teus filhos, como rebentos da oliveira, à roda da tua mesa.
> Eis como será abençoado o homem que teme ao Senhor!
> O Senhor te abençoe desde Sião, para que vejas a prosperidade de Jerusalém durante os dias de tua vida, vejas os filhos de teus filhos. Paz sobre Israel!

Enoque viveu a realidade do Salmo 128. Sua história nos inspira a fazer o mesmo.

Seja como jovem solteiro, seja como casado ou pai de família, o desafio de andar com Deus significa viver sua fé, exemplificá-la, não somente em momentos "espirituais" como "hora silenciosa" (um tempo diário na Palavra de Deus), "culto doméstico" ou ministérios da igreja, mas o dia todo e todo dia. Significa ser um homem que ama a Deus, obedece a Deus, admite seus erros, depende de Deus, confia em Deus, honra a Deus com as primícias de seus bens. Quem anda com Deus encontra sentido para a vida, contentamento, felicidade e deixa um legado para a família que leva seus descendentes para mais perto de Deus.

Para Refletir e Compartilhar

Você tem sonhos para seu legado familiar? Quais?

Se você é solteiro, o que pode fazer para ser um homem que anda com o Senhor?

Se você é casado, como poderia encorajar sua família a andar com o Senhor? Quais os obstáculos que você enfrenta nesse sentido?

4. QUEM ANDA COM DEUS VIVE PARA SEMPRE

Todos esses benefícios bastariam para desejarmos andar com Deus, mas há um presente ainda maior: a vida eterna.

Gênesis 5:24 diz: "Andou Enoque com Deus e já não era, porque Deus o tomou para si".

Podemos imaginar a cena: Um dia Enoque e Deus estavam passeando, como de costume, quando de repente Enoque olhou para o relógio, viu que era tarde, e disse: "Deus, é muito tarde, preciso voltar para casa". Podemos imaginar Deus respondendo: "Enoque, parece que estamos mais próximos de minha casa. Que tal você pernoitar comigo hoje?". E Enoque nunca mais voltou. Da mesma maneira que ele, nós também podemos ganhar a vida eterna por meio de Jesus, que afirmou:

> Em verdade, em verdade vos digo: quem ouve a minha palavra e crê naquele que me enviou *tem a vida eterna*, não entra em juízo, mas passou da morte para a vida. [...] E a vida eterna é esta: que te conheçam a ti, o único Deus verdadeiro, e a Jesus Cristo, a quem enviaste (João 5:24; 17:3).

Hoje o mundo oferece muitas coisas para dar sentido à vida do homem: dinheiro, fama, divertimento, drogas e sexo. Contudo, aprendemos com Enoque que, para o homem descobrir o verdadeiro sentido de sua vida, basta ele se voltar para seu Criador e "andar com Deus". Sua vida, então, deixará de ser "terrena" e passará a ser "celestial".

CONCLUSÃO

Há muitas coisas que poderiam ser escritas no seu sepulcro, mas descobrimos em Gênesis 5 a melhor de todas: "Ele andou com Deus". Se você ou eu morrêssemos hoje, seria isso que as pessoas falariam a nosso respeito?

A grande ideia

Aquele que anda com Deus descobre o significado da vida.

PARA REFLETIR E COMPARTILHAR

Se você pudesse escrever um epitáfio para resumir sua vida em 15 palavras ou menos, o que seria?

Quais os maiores obstáculos que você enfrenta que o impedem de andar com Jesus? Quais seriam os passos concretos para começar a superá-los?

5 Homens íntegros

"Tio" Walter não era homem eloquente. Também não era brilhante. Sua educação formal não passara do terceiro ano do ensino fundamental. Uma doença na juventude o deixara com uma perna mais curta que a outra, abreviando o que poderia ter sido uma carreira de destaque como atleta. Ele trabalhou como leiteiro durante toda a sua vida adulta.

Humanamente falando, tio Walter não possuía quase nenhuma das características que livros de liderança hoje destacam como essenciais para um influenciador. Por que, então, nossa classe de juniores da Escola Bíblica Dominical (EBD) o seguia como se ele fosse a pessoa mais importante do mundo? Como ele conseguiu deixar uma marca tão profunda em minha vida que hoje, após mais de cinquenta anos, ainda o considero um dos meus principais "mentores espirituais"? A resposta é simples: Tio Walter tinha *integridade*.

Tio Walter era o mesmo em casa e na igreja, igual no serviço como era no lazer. E nós o conhecíamos em todos esses lugares, porque, mesmo sendo "só" um professor de EBD, ele nos convidava para dentro de sua vida. Ele não tinha nada a esconder. Sua humildade e paciência, seu espírito de servo, sua alegria contagiante, seu bom humor e, acima de tudo, sua pureza de vida nos atraíam e nos transformavam. Tio Walter, como Natanael, seguidor de Jesus, era um homem sincero, em quem não havia dolo (João 1:47).

Para ser um homem de verdade, você não precisa ser mais rápido que uma bala, mais potente que uma locomotiva, capaz de saltar prédios com um só pulo. Só há espaço para um "Super-Homem" no universo, e seu nome é Jesus. Mas uma das características que marcava a vida de Jesus, e que ele quer transmitir para nós, é a integridade.

O dicionário define "integridade" como:

> Particularidade ou condição do que está inteiro; qualidade do que não foi alvo de diminuição; inteireza.[24]

Um sinônimo para "integridade" seria "pureza". O homem íntegro não tem sua santidade diluída, diminuída ou distorcida por elementos estranhos ao andar com Deus. A etimologia da palavra reflete essa ideia:

> Procede do latim *integritas* para referir-se à retidão e pureza de alguém, associando-se ao adjetivo *integer* do latim, sobre a ideia do intato [...]. Deste modo, a integridade compreende a ideia de uma pureza que não foi influenciada ou alterada.[25]

Infelizmente, enquanto estamos no mundo, somos tocados e muitas vezes corrompidos pelas influências negativas ao nosso redor. Não

---

[24] Disponível em: <https://www.dicio.com.br/integridade/>.
[25] Disponível em: <https://etimologia.com.br/integridade/>.

podemos sair do mundo. Mas será que precisamos trazer o mundo para dentro de nossa vida? E na própria igreja?

Essa é uma tensão na vida cristã que encontramos em alguns textos bíblicos:

- Estamos *no* mundo, mas não somos *do* mundo... (João 17:14,15).
- "para que vos torneis irrepreensíveis e sinceros, filhos de Deus inculpáveis *no meio de* uma geração pervertida e corrupta, na qual resplandeceis como luzeiros no mundo..." (Filipenses 2:15).
- "Assim brilhe também a vossa luz *diante dos homens*, para que vejam as vossas boas obras e glorifiquem a vosso Pai que está nos céus" (Mateus 5:16).
- "A religião pura e sem mácula, para com o nosso Deus e Pai, é esta: [...] a si mesmo guardar-se incontaminado do mundo" (Tiago 1:27).

Será que é possível sermos puros e íntegros em um mundo onde somos bombardeados diariamente pela perversidade? É possível ser íntegro num mundo de corrupção? É possível ser puro num mundo de sedução?

O Salmo 101 nos dá uma resposta: *Sim!*

O salmo reflete o desejo profundo no coração do rei Davi de ter um coração íntegro diante de Deus e dos homens. Assim como vamos descobrir em Efésios 5 e Colossenses 3, integridade começa no lar, não no mercado, na comunidade ou na igreja. O lar é o lugar onde o ataque do inimigo começou (Gênesis 3:1ss.) e continua até hoje. Integridade dirigida pelo Espírito no contexto do lar tem repercussões em todas as áreas da vida e da sociedade. Infelizmente, ficamos cada vez mais vulneráveis a esses assaltos que nos atingem em nossa própria sala de estar. Precisamos abrir os olhos para a guerra espiritual que nos cerca e mira nossa família. A pureza do nosso coração está em jogo. A alma dos nossos filhos está no altar. A integridade do nosso lar está em perigo.

Infelizmente, o autor do salmo, o rei Davi, deixou muito a desejar no cumprimento de seus próprios votos nele expressos. Somente Cristo

Jesus é capaz de cumprir esses altos padrões de integridade. Mas o salmo apresenta lições preciosas sobre a responsabilidade que é nossa como súditos do Rei Jesus. Essa é a nova vida que Jesus quer viver por meio de nós! Uma vida de integridade em casa e na comunidade, com a família e com os companheiros.

Existem pelo menos três esferas onde a integridade cristã se manifesta: em Cristo, em casa e nos companheiros.

1. A INTEGRIDADE CRISTÃ REVELA-SE EM CRISTO (1,2A)

> Cantarei a bondade e a justiça; a ti, Senhor, cantarei. Atentarei sabiamente ao caminho da perfeição. Oh! Quando virás ter comigo?

O salmo começa com uma declaração de louvor (v. 1). O salmista reconheceu que o ponto de partida para uma vida íntegra é o próprio Senhor, seu amor fiel, baseado na aliança e na sua justiça. Deus é nosso Rei e o modelo para um equilíbrio perfeito entre amor e justiça (verdade). Como vemos no Novo Testamento, Jesus é o único que pode dar esse tipo de integridade no lar.

Costumamos fazer apelos para que os cristãos tenham uma vida santa. Mas nos enganamos quando passamos a ideia de que isso vem pelo simples esforço humano, pelas disciplinas da vida cristã, tentando um pouco mais, lendo a Bíblia mais, orando mais, jejuando mais, sendo mais ativo na igreja, testemunhando mais, para que finalmente Deus se agrade de nós. Todas as nossas obras e toda a nossa justiça são como trapos imundos diante de Deus (Isaías 64:6). O verdadeiro motivo da vida cristã é sua graça e bondade já derramadas sobre nós em Cristo. Gratidão pela nossa posição em Cristo, não culpa, é o combustível da vida cristã.

A nossa justiça depende única e exclusivamente de Cristo e da sua obra na cruz por nós. A nossa identificação com Cristo Jesus, representada no batismo, nos lembra de que fomos crucificados e ressuscitados com Cristo e que a vida que vivemos agora é a vida de Cristo sendo vivida em nós (Gálatas 2:20; 2Coríntios 5:21). Ele é a nossa justiça. Ele é a nossa paz.

A primeira parte do versículo 2 revela o anseio do salmista por uma vida santa diante de Deus. "Atentarei sabiamente ao caminho da perfeição. Oh! Quando virás ter comigo?" Ele dependia exclusivamente da bondade e da justiça de Deus. Fixava sua esperança num caráter irrepreensível, mas logo descobriu que essa vida era como uma miragem no deserto. Quanto mais ele se aproximava, mais distante parecia. Tentava chegar ao pote de ouro de santidade no fim do arco-íris, mas era ilusório. Por isso, ele clama: "Oh! Quando virás ter comigo?". Esse é o grito de Paulo em Romanos 7, quando diz:

> Eu sei que em mim, isto é, na minha carne, não habita bem nenhum, pois o querer o bem está em mim; não, porém, o efetuá-lo. Porque não faço o bem que prefiro, mas o mal que não quero, esse faço. [...] Desventurado homem que sou! Quem me livrará do corpo desta morte? (Romanos 7:18,19,24).

Nós, leitores do Novo Testamento, participantes da dispensação da graça, temos a resposta! Deus veio ter conosco, na pessoa de Emanuel, "Deus conosco", o Verbo que se fez carne e habitou entre nós, aquele que hoje habita *em nós* pelo seu Espírito Santo, que nos capacita (João 1:12).

Onde, porém, essa integridade cristã se manifesta, de forma prática? O restante do salmo mostra duas esferas onde a vida de Cristo se manifesta no cristão.

Para Refletir e Compartilhar

Você se lembra de algum homem que marcou sua vida pela integridade? Por quê?

Leia Gálatas 2:19,20 e avalie esta declaração: "Cristo Jesus é o Único capaz de viver a vida cristã, porque é a vida de Cristo. Mas Ele quer viver sua vida em e através de nós".

Em que sentido a integridade é fundamental para outras virtudes da vida cristã? Por que ela é tão rara hoje?

2. A INTEGRIDADE CRISTÃ SE REVELA EM CASA (2B-4)

Por coincidência, foi um outro "Walter" que também influenciou minha vida profundamente. Era meu avô paterno. Baixo e forte, ele não era um homem de aparência notável. Pelo fato de que teve de trabalhar cedo na vida para ajudar a sustentar a família, deixou a escola ainda no ensino fundamental. Trabalhou cinquenta anos na mesma fábrica, martelando e moldando cobre.

Vovô Walter era um homem de Deus íntegro. Ele acordava cada manhã às 4 horas para passar pelo menos uma hora na presença do Senhor antes de ir para o serviço. Ele orava diariamente por todos os seus netos para que conhecessem Jesus. Uma vez foi preso por pregar Jesus ao ar livre sem licença. Nos anos de aposentadoria dele, eu o acompanhava enquanto ele colecionava jornais velhos para vender como recicláveis. Vovô dava todo o dinheiro que recebia para missões. E havia memorizado múltiplos livros inteiros da Bíblia. Como ele conhecia as Escrituras! Como ele conhecia Deus!

Para mim, meu avô sempre era o mesmo, em casa, na rua, na nossa pequena igreja onde ele era um dos presbíteros. Como o salmista, ele barrava a entrada de perversidade em sua casa.

O salmista expressa seu profundo desejo de revelar a bondade e a justiça do Rei divino no contexto mais íntimo da sua vida: o lar! Integridade começa em casa porque é justamente em casa que revelamos a realidade de quem somos.

> Portas adentro, em minha casa, terei coração sincero (2b).
>
> Os meus olhos procurarão os fiéis da terra, para que habitem comigo (6a).
>
> Não há de ficar em minha casa ("santuário", na NVI) o que usa de fraude (7a).

O reavivamento verdadeiro manifesta-se obrigatoriamente no lar. Efésios 5:18—6:9 deixa isso muito claro. O homem de Deus não é necessariamente aquele que prega mensagens poderosas, dirige um louvor arrepiante, jejua e ora por horas e dá folhetos para todos que encontra. O reavivamento verdadeiro vem quando o Espírito de Deus usa a Palavra de Deus para conformar pessoas à imagem de Deus!

Quando, de forma sobrenatural, Deus muda as tendências naturais do nosso coração e nos transforma de dentro para fora, experimentamos o verdadeiro reavivamento. Se você quer fazer parte de um reavivamento, mesmo nestes dias tão difíceis, permita que Jesus transforme seu lar pelo seu Espírito.

Hoje, mais do que nunca, Deus está chamando homens para serem corajosos, para enfrentar a maré, para ir contra a multidão que tolera o mal dentro da própria casa e que baixa a guarda e dá ao Diabo livre acesso aos seus filhos.

O texto continua nos dando dicas de como podemos fazer isso.

A. Não assistir ao que não presta (2b,3)

> Portas adentro, em minha casa, terei coração sincero. Não porei coisa injusta diante dos meus olhos; aborreço o proceder dos que se desviam; nada disto se me pegará.

O salmista caracteriza esse reavivamento de integridade como começando com nossos olhos. Três vezes no salmo ele mostra a importância dos olhos numa vida santa:

> Não porei coisa injusta *diante dos meus olhos* (3a) [Repudiarei todo mal, NVI].

> Os *meus olhos* procurarão os fiéis da terra, para que habitem comigo (6a).

> O que profere mentiras não permanecerá ante os *meus olhos* (7) [na minha presença, NVI].

Jesus, no Sermão do Monte, ressaltou a seriedade e a importância de guardar os olhos:

> São *os olhos* a lâmpada do corpo. Se os teus *olhos* forem bons, todo o teu corpo será luminoso; se, porém, os teus *olhos* forem maus, todo o teu corpo estará em trevas. Portanto, caso a luz que em ti há sejam trevas, que grandes trevas serão! (Mateus 6:22,23).

"Não porei coisa injusta diante dos meus olhos" (3a). Literalmente, ele diz: "Não porei coisa de Belial diante dos meus olhos". Belial era uma palavra que descrevia tudo que não prestava, que não tinha valor e, pior, que destruía; que minava sólidos fundamentos e corrompia; que destruía pela inutilidade.[26]

"Aborreço o proceder dos que se desviam (ou, "dos pervertidos", "tortos"); nada disto se me pegará" (3b). Em outras palavras, ele diz: "Não serei contaminado por eles". A frase "nada se me pegará" significa, literalmente, "não grudará em mim". Ou seja: "Não permitirei que a influência má me atinja. Fugirei do mal. A sujeira não me tocará".

É importante ressaltar que as seduções do mundo realmente grudam em nós. Imagens pornográficas, cenas de filmes, fotos na internet ficam gravadas no nosso disco rígido cerebral e dificilmente se apagam. Também enchemos nosso cérebro com imoralidade em forma de músicas imorais que se fixam em nossa mente em nome da "cultura popular". O segredo unânime da Palavra de Deus é: fugir da imoralidade e da perversão! (Veja 1Coríntios 6:18, Provérbios 5:8.)

Uma vida de integridade dentro do lar tem enormes implicações para o tipo de entretenimento que permitimos em nossa família. O salmista pôs um filtro sobre seus olhos para não ter que contemplar o mal. Resolveu evitar tudo que era inútil, perverso, corrupto, sensual ou simplesmente perda de tempo.

---

26 Veja Deuteronômio 13:13; 2Coríntios 6:15; Deuteronômio 15:9; Provérbios 6:12; Juízes 19:22; 20:13; 1Samuel 1:16; 2:12.

Precisa-se de homens íntegros, solteiros e casados, homens de coragem que tomarão decisões difíceis ao evitar que a sujeira do mundo faça desfile em sua vida; que seguirão o conselho do apóstolo Paulo, que disse: "Finalmente, irmãos, tudo o que é verdadeiro, tudo o que é respeitável, tudo o que é justo, tudo o que é puro, tudo o que é amável, tudo o que é de boa fama, se alguma virtude há e se algum louvor existe, seja isso o que ocupe o vosso pensamento" (Filipenses 4:8).

B. Não conhecer o mal (4)

Longe de mim o coração perverso; não quero conhecer o mal.

O salmista-rei vai ainda mais longe. Diz que ele não quer nem conhecer o mal.

"Longe de mim o coração perverso [torto]" (4a). Ele não queria *ter* um coração perverso, mas, para isso, precisava *evitar* os perversos. Provérbios nos aconselha da mesma forma: "Não tenhas inveja do homem violento, nem sigas nenhum de seus caminhos; porque o Senhor abomina o perverso, mas aos retos trata com intimidade" (3:31,32). Hoje, no entanto, homens violentos são nossos heróis.

"Não quero conhecer o mal!" (4b). Interessantemente, foi a curiosidade de Adão e Eva em "conhecer" o mal que os levou à queda. Os perversos também são os heróis no nosso entretenimento.

Temos uma curiosidade perversa. Queremos saber os detalhes sangrentos das últimas notícias. Ficamos viciados em notícias ruins. O salmista não queria conhecer a sujeira do mundo. Ele refreava sua curiosidade perversa.

Nossos filhos gastam horas à toa em frente às telas, brincando e assistindo a programas que muitas vezes lhes ensinam coisas perversas: violência, sangue, demônios, zumbis, bruxas e muito mais. Brincamos com o pecado, chegando tão perto quanto possível, farejando o proibido, beliscando a tentação. Somos tão ingênuos, pensando que podemos saborear o queijo do pecado sem ser pegos na ratoeira. Nossos ídolos são os violentos, os sensuais e os perversos! Cuidado!

> **PARA REFLETIR E COMPARTILHAR**
>
> Quais aplicações o salmo ensina para princípios de entretenimento e uma "filosofia de consumo da mídia" para o cristão?
>
> Será que é legalismo ter uma malha fina em termos do nosso entretenimento? Como os pais cristãos devem ensinar seus filhos a terem discernimento em questões morais de entretenimento?

3. A INTEGRIDADE CRISTÃ REVELA-SE NOS COMPANHEIROS (5-8)

Ao que às ocultas calunia o próximo, a esse destruirei; o que te olhar altivo e coração soberbo, não o suportarei. Os meus olhos procurarão os fiéis da terra, para que habitem comigo; o que anda em reto caminho, esse me servirá. Não há de ficar em minha casa o que usa de fraude; o que profere mentiras não permanecerá ante os meus olhos. Manhã após manhã, destruirei todos os ímpios da terra, para limpar a cidade do Senhor dos que praticam a iniquidade.

O salmista revela mais uma esfera onde a integridade de Cristo se manifesta. A integridade cristã começa com Cristo em nós e estende-se para nossa casa e nossa família, mas influencia também nossa comunidade e nossos companheiros. Os versículos 5-8 falam das pessoas que Davi escolheu como companheiros na comunidade. Como líder, rei em Israel, ele vivia o que Provérbios 13:20 diz: "Quem anda com os sábios será sábio, mas o companheiro dos insensatos se tornará mau" (cf. Provérbios 14:7).

O salmista lista quatro tipos de pessoas que ele evitava:

- Fofoqueiros (5a)
- Arrogantes (5b)

- Enganadores (7a)
- Mentirosos (7b)

Outros textos nos lembram da importância dos nossos companheiros:

> As más companhias corrompem os bons costumes (1Coríntios 15:33, NVI).
>
> Se o governador dá atenção a palavras mentirosas, virão a ser perversos todos os seus servos (Provérbios 29:12).

As nossas amizades têm a capacidade de nos aperfeiçoar ou nos corromper: "Como o ferro com o ferro se afia, assim, o homem, ao seu amigo" (Provérbios 27:17).

Enquanto isso, o salmista procurava cercar-se de pessoas "fiéis" (6) e que andam "em reto caminho" (6). Em outras palavras, ele mantinha um padrão ético e moral muito alto. Seus negócios não foram contaminados pela sujeira de sócios sonegadores. Seus advogados eram homens íntegros. Seus conselheiros eram pessoas humildes e fiéis a Deus. Como diz o ditado: "Diga-me com quem andas, e eu direi quem és" (cf. Provérbios 13:20; 14:7; 29:2; 1Coríntios 15:33).

Esse constitui um desafio específico para homens, líderes do lar, no mercado e na igreja. Afinal de contas, o salmo é real, escrito por um líder para líderes. O líder estabelece esse exemplo de integridade que resplandece a vida de Cristo. O homem de Deus é conhecido não somente por aquilo do que ele foge, mas por aquilo que ele coloca como alvo em sua vida.

Essas qualidades de integridade são impossíveis para nós em nossa própria força. Quanto mais andamos na luz de Cristo, mais manchas do pecado percebemos em nossa vida. A perfeição é impossível, mas é nosso alvo: "Cristo em vós, a esperança da glória" (Colossenses 1:27). Deus nos chama para uma vida de integridade nas duas esferas que mais formam nosso caráter: em casa e com os companheiros.

Muitos hoje oram por um reavivamento, porém poucos realmente querem pagar o preço de ser diferente dos padrões perversos legitimados pelo mundo. Romanos 12:1,2 nos lembra:

> Rogo-vos, pois, irmãos, pelas misericórdias de Deus, que apresenteis o vosso corpo por sacrifício vivo, santo e agradável a Deus, que é o vosso culto racional. E não vos conformeis com este século, mas transformai-vos pela renovação da vossa mente, para que experimenteis qual seja a boa, agradável e perfeita vontade de Deus.

CONCLUSÃO

Seu nome não precisa ser "Walter" para modelar a integridade cristã. Deus quer realizar essa obra em todos nós, para que sejamos mais parecidos com Cristo. Deus tem muita paciência conosco, ensinando-nos a cada dia que não é por força, nem por poder, mas pelo seu Espírito que a obra dele se realiza (Zacarias 4:6). Sabemos que, pela sua graça, um dia chegaremos lá, pois "aquele que começou boa obra em [nós] há de completá-la até ao Dia de Cristo Jesus" (Filipenses 1:6).

Que Deus nos dê coragem para permitir que Cristo viva sua vida íntegra e pura em e através de nós em *todas* as áreas da nossa vida, incluindo o entretenimento. Não podemos nem devemos sair do mundo. Mas não precisamos trazer o mundo para dentro da nossa vida!

A grande ideia

Integridade cristã é a vida de Cristo sendo vivida em nós e por meio de nós, em todas as esferas da vida.

PARA REFLETIR E COMPARTILHAR

Quais as áreas onde você, como homem, é mais tentado a baixar a guarda da integridade? Como poderia reforçar seu compromisso com a pureza de caráter nessas áreas?

Há mudanças que você precisa fazer em alguma área de entretenimento? Plataformas de mídia social? Internet?

Que lições podemos aprender com o fato de que o autor do Salmo 101, o rei Davi, também experimentou falhas morais?

Parte II
A CONDUTA DE HOMENS QUE SE PARECEM COM JESUS

Introdução

Hetty Green era conhecida como a miserável bruxa de Wall Street. Morreu em 1915, deixando uma fortuna avaliada em 95 milhões de dólares. Mas ela comia aveia fria porque era despesa demais esquentá-la. Seu filho teve que sofrer a amputação de uma perna, porque ela gastou tanto tempo procurando uma clínica gratuita até que foi tarde demais para salvar a perna. Ela era rica, mas escolheu viver como uma miserável.

Conta-se também a história da rainha da Inglaterra, que vivia na mesma época. Quando jovem, Vitória era uma menina muito levada. Por isso, seus tutores não poderiam deixar que ela soubesse que seria a próxima rainha da Inglaterra. Imaginavam como aquela notícia iria fazê-la ainda mais mimada e incontrolável. Mas, quando seu professor particular finalmente deixou que ela por si mesma descobrisse que estava na linha direta do trono da Inglaterra, sua reação foi surpreendente. Vitória simplesmente disse: "Então, a partir de agora, eu serei uma menina boa".

Qual foi a diferença entre essas duas mulheres? Somente uma vivia conforme sua identidade.

Já estudamos o caráter do homem que se parece com Cristo. A verdade mais importante sobre o homem é sua identidade "em Cristo". Pois bem, precisamos examinar a conduta desse homem refeito por Jesus. Podemos resumir dizendo: "Quem nós somos em Cristo determina o que faremos como cristãos".

Os estudos que seguem tratam de homens que amam como Cristo; pastoreiam e protegem sua família como Cristo faz com a igreja; estão presentes como membros efetivos e ativos no lar; lideram na família, na igreja e na comunidade como servos dos seus liderados; e trabalham diligentemente para a glória de Cristo.

6 Homens sem mágoas

O SER HUMANO É COMO porco-espinho. Quanto mais perto fica de outras pessoas, mais machuca e é machucado. A dura realidade é que a família se assemelha a uma toca de porcos-espinhos. Quanto mais um se aproxima do outro, mais alfinetadas leva.

A intimidade implica vulnerabilidade. Se todos nós somos pecadores, e se pecadores fazem uma coisa com regularidade — pecar —, chegamos a uma conclusão desafiadora: precisamos aprender a lidar com a realidade do pecado, ou nossos relacionamentos estão destinados ao fracasso!

Aqui entra um conjunto de conceitos que aparecem lado a lado em vários textos bíblicos: o amor e o perdão.

Amar implica perdoar. Mágoas manifestam ódio. O amor cobre uma multidão de pecados (Provérbios 10:12; veja 17:9; 1Pedro 4:8; Tiago 5:20; Salmos 32:1,2), não no sentido de ignorar ou "passar por cima", mas no sentido de perdoar, não se vingar, não guardar mágoas.

Colossenses 3:19 também junta essas ideias quando fala aos homens:

> Maridos, amai vossa esposa e não a trateis com amargura.

A pessoa magoada busca vingança e acaba tratando a outra de forma áspera. Mas o amor cobre uma multidão de pecados quando se sacrifica para o bem do outro, mesmo depois de ter sido vítima dele. O texto paralelo de Efésios 5:25 diz isto:

> Maridos, amai vossa mulher, como também Cristo amou a igreja e a si mesmo se entregou por ela.

Neste capítulo queremos examinar esses dois textos bíblicos que tratam do amor como a principal responsabilidade do homem como marido e descobrir suas manifestações práticas em nossos relacionamentos familiares.

CONTEXTO

Tanto em Efésios como em Colossenses, quando o apóstolo Paulo dá ordens sobre os papéis de cada membro da família, parece que ele toca na área onde cada um é mais testado. Desde a entrada do pecado na raça humana, as mulheres têm dificuldade com a submissão ao marido; os filhos lutam com obediência e honra aos pais; e homens sofrem para vencer seu egoísmo natural para viver a vida outrocêntrica de Cristo, ou seja, amar a sua esposa. Sabemos que somente uma obra sobrenatural na vida de cada membro do lar será capaz de superar as tendências naturais e produzir a vida de Cristo em nós.

O mundo fala muito em amor. As músicas populares, os filmes e até propagandas divulgam definições populares de amor que fogem do retrato bíblico do amor. Por isso, primeiro queremos tratar do significado do amor à luz da Palavra de Deus. Depois, suas principais características apontadas nesses dois textos (sacrifício e perdão).

O significado do amor

Podemos fazer algumas observações iniciais à luz de Efésios 5:25 e Colossenses 3:19:

1. **O amor bíblico é oferecido pelo marido, não exigido pela esposa.** O texto fala diretamente aos homens e não autoriza as mulheres a agirem como policiais para vigiar se seu marido o faz ou não. O amor sacrificial é um presente que o homem dá à sua esposa.

   Os maridos são exortados a amar sua esposa incondicionalmente, não somente se a esposa é submissa. Pelo contrário, os maridos devem amar sua esposa em obediência ao Senhor e por causa do exemplo do amor de Cristo. Não é a obrigação da esposa falar para o marido amá-la. É a obrigação dele diante do Senhor amá-la.[27]

2. **O amor bíblico do marido é uma ordem, não uma opção.** O verbo "amai" é imperativo presente, ou seja, uma responsabilidade constante do homem no lar. Não há desculpas para não amar.

3. **O amor bíblico exige uma obra sobrenatural do Espírito Santo, produzindo a vida de Cristo no marido (Efésios 5:18-21; Colossenses 3:16).** Somos responsáveis por amar, mas não podemos produzir esse amor por nós mesmos. Vai contra nossa natureza. Nós amamos porque Ele primeiro nos amou. Somente aquele que vive seguro no amor eterno de Deus, que conhece sua posição em Cristo, será capaz de compartilhar o amor de Cristo.

4. **O amor bíblico é uma escolha, não uma emoção.** Há muita confusão no mundo hoje sobre essa perspectiva bíblica. Tudo na cultura popular transmite a ideia de que o amor verdadeiro é um

---

[27] Hoehner, *Ephesians: An Exegetical Commentary*, p. 764.

sentimento, um conjunto de hormônios que arrepiam e que é "eterno enquanto dure". Mas o amor bíblico é uma escolha de amar e buscar o bem do outro acima do seu próprio bem:

Popularmente, acredita-se que é o amor que mantém o casamento. Gostaríamos de discordar e afirmar que é exatamente o contrário: é o casamento que mantém o amor... Os autores bíblicos nunca colocam o amor como condição para que duas pessoas se casem.

Os dois textos de Efésios 5:25 e Colossenses 3:19 acrescentam frases que nos ajudam a compreender mais algumas características do amor do marido no contexto do lar. No primeiro, a ênfase é positiva: o amor se sacrifica em prol da pessoa amada, conforme o exemplo de Cristo com a igreja. No segundo, a ênfase é negativa: o amor não guarda mágoas ou rancor, a ponto de o marido tratar a esposa de forma áspera.

> **PARA REFLETIR E COMPARTILHAR**
>
> Por que parece que amar é mais difícil para homens e submeter-se é mais difícil para mulheres?
>
> Avalie esta declaração: "Deus está mais interessado em sua santidade do que em sua felicidade". Como isso se aplica ao casamento?[28]

1. AMOR SACRIFICIAL

Efésios 5:25-33 é o maior texto que fala das responsabilidades do marido. "Amor", a palavra-chave, aparece seis vezes nesse parágrafo.[29] O verbo no tempo presente descreve o processo contínuo de buscar

---

28 Augustus Nicodemus Lopes, *A Bíblia e sua família*, p. 103.
29 Uma forma da palavra "amar" ocorre em 5:25, duas vezes; 5:28, três vezes; 5:33, uma vez.

sempre o bem maior da esposa, de forma incondicional. [30]"O espaço dedicado ao assunto junto com a analogia do amor de Cristo demonstra a importância da responsabilidade dos maridos para com sua esposa."[31]

Podemos resumir dizendo que o amor bíblico do marido segue o *padrão* do sacrifício de Cristo:

> Maridos, amai vossa mulher, como também Cristo amou a igreja e a si mesmo se entregou por ela (Efésios 5:25).

O autor e pastor John Piper resume os paradoxos do amor bíblico como manifestado em Cristo:

> O marido é chamado para liderar como Jesus, que é o Leão de Judá (Apocalipse 5:5) e o Cordeiro de Deus (Apocalipse 5:6) — ele tinha o coração de leão e o comportamento de cordeiro, forte e manso, duro e terno, agressivo e sensível, ousado e quebrantado. Ele estabelece o padrão para a masculinidade.[32]

Exatamente qual foi o padrão de amor de Cristo? Todos nós sabemos que o amor de Cristo foi sacrificial. Mas precisamos parar para refletir nas implicações sérias desse mandamento. Até que ponto estamos dispostos a sacrificar confortos e privilégios, negar nossos instintos naturais de egoísmo, contrariar nosso desejo de ser servido em vez de servir? Uma coisa é morrer por uma pessoa. Outra coisa é viver para ela!

O verbo "amar" implica *dar*, sacrificar-se, tudo para promover o bem-estar do outro. É o padrão que encontramos no texto tão bem conhecido de João 3:16 (NVI): "Porque Deus tanto *amou* ao mundo que *deu*...". Romanos 5:8 ressalta que esse é um amor incondicional: "Mas Deus prova o seu próprio amor para conosco pelo fato de ter Cristo morrido por nós, sendo nós ainda pecadores".[33]

---

30 Hoehner, *Ephesians: An Exegetical Commentary*, p. 747.
31 Ibidem, p. 746.
32 John Piper, *Casamento temporário* (São Paulo: Cultura Cristã, 2019), p. 73-4.
33 Veja também João 10:11,15,17; 15:13.

Podemos dizer que o marido é líder conforme o estilo de liderança de Jesus em João 13, quando Ele lavou os pés de seus seguidores e nos deu a ordem de imitá-lo. O líder do lar é o servo do lar. "O líder que não serve, não serve!"[34] Estudaremos esse aspecto da masculinidade em outro capítulo.

A essência do amor é o altruísmo de Cristo, ou seja, uma vida vivida para abençoar outros e não alegrar a si mesmo ou promover seu bem-estar às custas do outro. Se alguém tem que pagar a conta, deve ser o homem. Se alguém na família deve sofrer, é o homem. Se alguém precisa abrir mão de "direitos", o marido e pai deve estar na frente da fila.

Observamos as características desse padrão do amor de Cristo no texto profético de Isaías 53, que descreve como Jesus, o "Servo Sofredor", se entregou por nós. Note as frases que enfatizam seu sacrifício *em nosso favor*:

> Certamente, ele tomou sobre si as nossas enfermidades e as nossas dores levou sobre si; e nós o reputávamos por aflito, ferido de Deus e oprimido. Mas ele foi traspassado pelas nossas transgressões e moído pelas nossas iniquidades; o castigo que nos traz a paz estava sobre ele, e pelas suas pisaduras fomos sarados. Todos nós andávamos desgarrados como ovelhas; cada um se desviava pelo caminho, mas o SENHOR fez cair sobre ele a iniquidade de nós todos (Isaías 53:4-6).

Esse é o padrão de sacrifício a que Paulo se refere em Efésios 5:25: "Maridos, amai vossa mulher, como também Cristo amou a igreja e a si mesmo se entregou por ela". Cabe a nós perguntarmos, como homens, até que ponto estamos dispostos a seguir esse exemplo de Cristo.

O texto clássico que descreve o amor é 1Coríntios 13:4-7. À luz da responsabilidade do homem de amar sua esposa, podemos parafrasear esse texto substituindo as palavras "o amor" por "o marido":

---

34 David N. Cox, mensagem na capela do Seminário Bíblico Palavra da Vida, 10/3/2017.

O marido é paciente, é benigno; o marido não arde em ciúmes, não se ufana, não se ensoberbece; o marido não se conduz inconvenientemente, não procura os seus interesses; o marido não se exaspera, não se ressente do mal; o marido não se alegra com a injustiça, mas regozija-se com a verdade; o marido tudo sofre, tudo crê, tudo espera, tudo suporta.

Para Refletir e Compartilhar

Quando você lê a paráfrase do amor em 1Coríntios 13:4-7 acima, que frases se destacam como desafios maiores para você?

Quais são algumas maneiras práticas pelas quais você pode abrir mão de "direitos" e se sacrificar para o bem de outros, a começar na sua família?

2. AMOR SEM MÁGOAS (PERDOADOR)

Colossenses 3:19 acrescenta outra característica do amor que, à primeira vista, parece estranha: "Maridos, amai vossa esposa e não a trateis com amargura".

Certa vez alguém comentou: "Guardar mágoas é como tomar veneno e esperar que seu inimigo morra...". Infelizmente, quem morre é a pessoa magoada, fato amplamente apoiado pela medicina. Mas, no relacionamento marido-esposa, o casamento também morre.

Talvez alguém pense: "É fácil dizer, mas difícil é fazer; você não sabe o que eu sofri. Como posso perdoar?".

Somos todos vítimas do pecado de outros: uma fofoca, mentira, traição (real ou virtual), uma separação ou um divórcio, um filho rebelde, maus-tratos na infância, abuso sexual, sogros intrometidos, um colega insuportável, patrão injusto, clientes inadimplentes, assaltantes, estupradores e assassinos. Como perdoar em situações tão difíceis como essas, além das mais corriqueiras que todos enfrentam?

Qualquer pessoa que trabalhou com conflitos conjugais já identificou esse como um dos problemas mais comuns entre casais e talvez a principal causa de divórcio e separação. *A falta de perdão no casamento leva à sua destruição.*

Não existe uma família perfeita! Somos pessoas imperfeitas e pecadoras morando debaixo do mesmo teto. À luz dessa realidade, haverá sempre atritos e conflitos na família. A pergunta é: como lidaremos com esses conflitos?

O perdão é algo *sobrenatural*, pois foge de todas as tendências naturais do ser humano, mas exatamente por isso constitui uma das evidências mais claras de uma vida transformada por Deus.

Existe um paradoxo triste quando se trata das mágoas. Normalmente, sentimos mágoas de pessoas outrora amigas e até íntimas. Alguém pode ficar indignado diante de uma chacina no Rio de Janeiro ou um atentado terrorista na Somália. Mas normalmente as pessoas não perdem o sono por causa disso. Mas basta um ex-cônjuge atrasar com o pagamento da pensão; um cunhado levar uma porção maior da herança que lhe é devida; um parente intrometer-se na educação dos filhos... e a pessoa fica horas a fio com a adrenalina pulsando nas veias e os olhos fitos no teto pela alta madrugada.

Já vimos que o amor bíblico exige uma obra sobrenatural do Espírito Santo, produzindo a vida de Cristo no marido (Efésios 5:18-21). Um pouco antes, em Efésios 4, lemos que essa vida de Cristo inclui o perdão àqueles que nos ofendem:

> Longe de vós, toda amargura, e cólera, e ira, e gritaria, e blasfêmias, e bem assim toda malícia. Antes, sede uns para com os outros benignos, compassivos, *perdoando-vos* uns aos outros, como também Deus, em Cristo, vos perdoou. Sede, pois, imitadores de Deus, como filhos amados; e andai em amor, como também Cristo nos amou e se entregou a si mesmo por nós, como oferta e sacrifício a Deus, em aroma suave (Efésios 4:31—5:2).

O amor de Cristo não convive com mágoas. Talvez por isso Colossenses 3:19 junte os dois conceitos em um resumo das responsabilidades do marido no lar. Realmente, o amor cobre uma multidão de pecados.

Vamos descobrir *duas etapas na cura de mágoas* no relacionamento marido-esposa. Primeiro, vamos *diagnosticar as causas e os sintomas* dessa doença. Segundo, vamos *traçar uma cura*. O câncer de mágoas corrói a igreja de Jesus Cristo de dentro para fora. Mas o remédio perfeito foi receitado pelo Médico dos médicos para restaurar a amizade e a intimidade conjugal.

A. As causas do coração magoado

Certamente, há atitudes por parte da esposa que transmitem o vírus de mágoas, e há atitudes por parte do marido que permitem que essa doença cresça na vida de ambos (Hebreus 12:15). Precisamos trabalhar, biblicamente, os dois ângulos: medicina preventiva e medicina corretiva. O desafio é pensar biblicamente: mágoas são uma questão de coração, uma questão de perdão.

A frase traduzida por "não as trateis com amargura" em Colossenses é rara e significa "sentir mágoas", "guardar mágoas"; inclui a ideia de um marido que trata a esposa asperamente. Quando temos mágoas no fundo do coração, a tendência é aliviar nossa dor e "drenar" esse veneno por meio de atitudes de vingança: "Se você me fez sofrer, vou devolver o favor, aberta ou sutilmente". No livro de Apocalipse, o termo foi usado para descrever o problema estomacal causado pelo livrinho de juízo que João comeu, que era doce ao paladar, mas tornou-se amargo no estômago (Apocalipse 10:9,10). Fala de mal-estar, descontentamento e irritação.

É como um círculo vicioso. A mulher faz (ou não faz) algo que causa ressentimentos no homem. Ele, por sua vez, ignora o conselho bíblico de não deixar o sol se pôr sobre a ira (Efésios 4:26). Ele guarda esses sentimentos, essas mágoas, que se transformam em veneno dentro dele, até dar o troco na mulher.

Parece que esta é uma dificuldade particular dos homens: uma tendência de guardar mágoas, de tratar a esposa asperamente, sem consideração, sem sensibilidade, procurando uma forma de *vingança*.

Quais seriam algumas causas dessas mágoas? Muitos homens exaltam ídolos em seu coração que consideram "necessidades" e reagem com mágoa quando não recebem:

- Intimidade conjugal — na frequência que desejam, do jeito que querem, onde querem.
- Companheirismo recreativo.
- Aparência atraente da esposa.
- Sustento doméstico e organização no lar.
- Admiração/respeito por parte da mulher.

Dentre esses itens, talvez a maior causa de mágoas no homem seja as expectativas e frustrações relacionadas à intimidade com a esposa. O texto de 1Coríntios 7:5 revela que essa realmente é uma área complicada, pois tempo prolongado sem intimidade conjugal pode culminar em tentações quase insuportáveis: "para que Satanás não vos tente por causa da incontinência". Mesmo assim, mágoas não são autorizadas como resposta do homem diante da frieza sexual da esposa.

Podemos sugerir várias outras possíveis causas de mágoas à luz de outros textos bíblicos:

- Traição (Provérbios 2:16).
- Divórcio (Malaquias 2:14).
- Jugo desigual (1Coríntios 7:10-15).
- Humilhação pública (Provérbios 31:11,23).
- Humilhação particular (compare com Davi e Mical, 2Samuel 6).
- Parentes/sogros intrometidos (Gênesis 2:24).
- Vida centrada nos filhos (crianças no centro do lar, prejudicando o relacionamento marido-esposa; Gênesis 2:24).

Vale a pena ressaltar que nenhuma dessas situações justifica ou desculpa as mágoas do marido. Simplesmente esclarecem algumas situações mencionadas nas Escrituras que podem criar mágoas no coração do homem que não segue o conselho de Colossenses 3:19.

B. A cura da doença

O único remédio para mágoas no coração é o amor de Cristo que estende o perdão. Jesus claramente ensinou esse princípio no Sermão do Monte, quando nos ensinou a orar assim: "perdoa-nos as nossas dívidas, assim como nós temos perdoado aos nossos devedores" (Mateus 6:12). Ele deu uma ilustração fantástica em Mateus 18, quando contou a história do servo não perdoador, que se recusou a perdoar o conservo mesmo depois de ser perdoado de uma dívida que hoje seria avaliada em *bilhões* de reais. Mas não era capaz de perdoar uma dívida infinitamente menor do seu colega (Mateus 18:21-35). A pessoa que não reconhece tamanha dívida que lhe foi perdoada em Cristo Jesus não consegue perdoar aos outros.

O padrão do perdão é a cruz de Cristo. Já vimos isso em Efésios 4:31,32. Colossenses também inclui algumas diretrizes quanto ao perdão e às mágoas:

> Suportai-vos uns aos outros, perdoai-vos mutuamente, caso alguém tenha motivo de queixa contra outrem. Assim como o Senhor vos perdoou, assim também perdoai vós; acima de tudo isto, porém, esteja o amor, que é o vínculo da perfeição. Seja a paz de Cristo o árbitro em vosso coração, à qual, também, fostes chamados em um só corpo; e sede agradecidos (Colossenses 3:13-15).

Mais uma vez, reconhecemos que o padrão é sobrenatural. Em nós mesmos, nunca poderemos perdoar as ofensas cometidas contra nós. Mas a vida de Cristo em nós (Gálatas 2:20) consegue fazer exatamente isso.

O que fazer para ajudar não somente o marido, mas o casal, a seguir esse padrão de amor e perdão?

- Não deixar as queixas se acumularem entre eles ("não se ponha o sol sobre a vossa ira", Efésios 4:26). Para isso, é preciso tempo regular para acertar as contas, não simplesmente varrer tudo para debaixo do tapete.

- Procurar o irmão (cônjuge) para pedir perdão quando perceber que existe uma rixa entre eles (Mateus 5:23,24).
- Quando o cônjuge pecar, ir direto a ele (ou ela) com mansidão e humildade (Gálatas 6:1; Mateus 18:15-20) para fazer os acertos necessários.

Quando casais não conseguem resolver problemas de ira e mágoas entre si, certamente devem procurar conselheiros bíblicos respeitados para intermediar a situação.

CONCLUSÃO

Em famílias de porcos-espinhos, sempre alguém vai se machucar. A pergunta-chave é o que faremos depois.

Existem barreiras em seu casamento? Existem barreiras entre você e outro irmão? A única resposta baseada na Palavra de Deus é conhecer o amor de Deus estendido a nós pelo sacrifício de Cristo, para depois estender esse perdão a outros. Medite no perdão de Cristo em sua vida, para depois perdoar aos outros. Procure conselho, se for necessário.

A grande ideia

O único remédio para mágoas no coração é o amor de Cristo que estende o perdão.

Para Refletir e Compartilhar

Como você avalia a declaração: "Guardar mágoas é como tomar veneno e esperar que seu inimigo morra"? Até que ponto isso é verdade no casamento?

Como é que a história do servo não perdoador de Mateus 18:21-35 reforça a ordem de Paulo para os maridos não tratarem a esposa com amargura?

Dos conceitos sobre o amor apresentados neste capítulo (amor que se sacrifica e amor que perdoa), qual é o mais difícil para você? Por quê?

7 Homens intercessores

ELA NÃO FOI A primeira e certamente não será a última esposa a clamar por ajuda em seu relacionamento com o marido. O problema não eram brigas; eles se davam muito bem. Não era financeiro; as contas estavam apertadas, mas nada fora do normal. A vida sexual tinha seus altos e baixos, como com todos os casais, mas em geral era satisfatória. O problema era que seu marido *nunca* orava com ela. E ele era o pastor da igreja.

Talvez alguns se surpreendam ao descobrir que a maioria dos pastores não ora com sua esposa, a não ser nas refeições e em um ou outro momento de crise. E, se esse for o caso com os pastores, o que dizer do homem no banco? Pode ser que o ditado que diz: "Casa de ferreiro, espeto de pau" explique a razão por que pastores cansados de esforços espirituais o dia todo deixam de interceder com a esposa. Mas nossa observação ao longo de mais de três décadas trabalhando com famílias indica que esse é um sintoma generalizado de uma doença mais séria. O problema é que homens cristãos não pastoreiam a própria família.

Muitos homens podem pensar: "Mas eu não sou pastor. Nunca estudei teologia. Como vou pastorear minha família?".

Quando falamos em ser pastores da família, não estamos pensando que cada homem tem que fazer um seminário bíblico (embora participar de cursos e classes de estudo bíblico certamente seja uma ótima ideia), muito menos em ordenação ou ofícios eclesiásticos. Usamos a analogia do "pastor" porque os papéis que Deus dá aos homens no contexto familiar correspondem em muito aos principais papéis do pastor da igreja, especialmente nas áreas de intercessão, instrução, discipulado e disciplina (veja Atos 6:2).

Esse conceito não deve ser novidade para nós. Na história da igreja, os puritanos desenvolveram muito a ideia de que cada marido e pai é como o sacerdote do seu lar. Por exemplo, Richard Baxter, pastor puritano, disse, mais de 500 anos atrás: "Uma família cristã [...] é uma igreja [...] uma sociedade de cristãos juntando-se para a melhor adoração e o melhor serviço a Deus. [...] Essas famílias em que esse serviço a Deus é realizado são como pequenas igrejas; sim, um tipo de paraíso sobre a terra".[35] Leland Ryken acrescenta:

> As famílias não se tornam automaticamente entidades espirituais. Alguém tem que orquestrar as atividades. No pensamento puritano, o pai era essa pessoa. A Bíblia de Genebra afirma que os mestres de suas casas devem ser como pregadores em suas famílias, para que do maior ao menor possam obedecer à vontade de Deus.[36]

---

35 Richard Baxter, *O pastor reformado*, citado em Leland Ryken, *Santos no mundo: os puritanos como realmente*.
36 Leland Ryken, *Santos no mundo*.

O pastoreio do homem no lar significa que ele é o líder espiritual da família, encarregado da responsabilidade de guiar seus membros, ensiná-los, interceder por eles e encorajar seu crescimento espiritual à imagem de Cristo. Veremos como isso acontece no pastoreio da esposa e na intercessão pela família. Nos próximos capítulos, veremos esse pastoreio no discipulado e na disciplina dos filhos.

1. O HOMEM DE DEUS PASTOREIA SUA ESPOSA (EFÉSIOS 5:25-27)

> Maridos, amai vossa mulher, como também Cristo amou a igreja e a si mesmo se entregou por ela, para que a santificasse, tendo-a purificado por meio da lavagem de água pela palavra, para a apresentar a si mesmo igreja gloriosa, sem mácula, nem ruga, nem coisa semelhante, porém santa e sem defeito (Efésios 5:25-27).

O marido santifica ou "separa" a esposa para preservá-la pura, não contaminada. Em outras palavras, ele promove o crescimento espiritual dela.

Como o marido pastoreia a esposa? A ênfase está numa liderança espiritual masculina que proporciona crescimento espiritual à esposa e que cerca a família com a Palavra. Foi assim que Jesus purificou a igreja. A frase "por meio da lavagem de água pela Palavra" provavelmente é uma metáfora que se refere ao banho pré-nupcial tradicional da noiva na cultura judaica.[37] Essa lavagem é feita "pela Palavra" — o termo usado não é *logos*, mas *rhēma*, que normalmente se refere à Palavra falada. Paulo usa o termo sete outras vezes, todas para se referir às palavras de Deus ou Cristo no Evangelho, ou seja, a Palavra pregada (Romanos 10:8, 2 vezes, v. 17,18; 2Coríntios 12:4; Efésios 5:26; 6:17).[38] O marido, assim como Cristo, usa a Palavra para santificar a esposa: "Santifica-os na verdade; a tua palavra é a verdade" (João 17:17).

---

37 Veja a alegoria de Ezequiel 16.
38 A única exceção seria 2Coríntios 13:1 (Hoehner, *Ephesians: An Exegetical Commentary*, p. 755).

O resultado desse processo na igreja deve ser o mesmo com a esposa — uma purificação e consagração de vida para que ela seja apresentada diante de Deus como santa e sem defeito. Paulo usa termos físicos (mácula, ruga) no sentido metafórico para descrever a remoção de "rugas espirituais" (cp. Efésios 1:4).

Raros são os homens que pastoreiam sua família, que se preocupam com o desenvolvimento espiritual de sua esposa e de seus filhos. Purificação vem pela liderança masculina que proporciona crescimento espiritual para a família! Isso não necessariamente significa que o homem tem que saber mais que a esposa sobre a Bíblia, mas que ele se preocupa com o desenvolvimento espiritual dela. Implica ser ele mesmo um homem em constante crescimento espiritual, para poder incentivar esse crescimento nos outros membros da família.

Cabe aos homens refletirem sobre sua liderança do lar em termos de:

- Oração com a esposa.
- Culto doméstico e treinamento espiritual (discipulado) dos filhos.
- Ensino da esposa (encorajando seu crescimento espiritual/purificação).
- Pureza no lar (padrões de entretenimento).
- Envolvimento efetivo e ativo nos cultos e ministérios da igreja por meio dos dons espirituais.
- Envolvimento missionário da família (ofertas, viagens, a "adoção" de missionários etc.).
- Liderança nas decisões do lar (namoro dos filhos, questões financeiras etc.).[39]

---

39 Augustus Nicodemus Lopes acrescenta: "Os maridos devem expressar seu amor pela esposa como líderes espirituais, orientando e ajudando a esposa a crescer espiritualmente. Cada marido deve preocupar-se com o estado espiritual da esposa, orar por ela e com ela, apoiá-la, ajudá-la, confortá-la e compreendê-la" (*A Bíblia e sua família*, p. 86).

Augustus Nicodemus Lopes aponta para outra implicação desse texto para os que contemplam o casamento no que chamamos de "casamento misto" ou "jugo desigual":

> Uma das razões pelas quais desaconselhamos veementemente que uma mulher crente case com um homem descrente é exatamente porque ele não terá condições de exercer o papel de "santificador" da esposa, de ser seu líder espiritual. As jovens que estão planejando se casar com um homem que não é crente devem ponderar seriamente esse aspecto. Elas não terão o apoio, a liderança e o estímulo espiritual que somente um marido crente pode trazer. É verdade que não basta que o marido seja "crente" para que isso aconteça. Ele terá de ser um crente dedicado, viver em comunhão com Deus e assumir plenamente seu papel de líder espiritual da esposa. E o rapaz que está pensando em se casar deve pedir a Deus que o prepare para o casamento, para que possa vir a assumir tais responsabilidades.[40]

O marido também se envolve no crescimento espiritual da esposa quando faz tudo em seu poder para responder às dúvidas que ela tem sobre Deus, a Palavra e a igreja. O texto de 1Coríntios 14:35 diz que a esposa com essas dúvidas deve perguntar em casa ao seu marido, o que pressupõe que seu marido cristão tenha condições de responder à sua pergunta ou de buscar a resposta: "Se, porém, [as mulheres] querem aprender alguma coisa, interroguem, em casa, a seu próprio marido". Mulheres cristãs que têm um marido crente não devem ter que sempre levar suas dúvidas ao pastor da igreja; essa é a função do marido delas. Se ele não souber responder, tem uma ótima oportunidade de buscar a resposta e crescer como homem e como líder espiritual da esposa.

---

40 Augustus Nicodemus Lopes, *A Bíblia e sua família*, p. 87.

Homens [mais] parecidos com Jesus

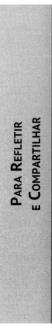

Para Refletir e Compartilhar

Para os solteiros: Você está se preparando para ser o verdadeiro líder espiritual da sua família? Como? Se já está namorando ou se preparando para o casamento, você já é o líder espiritual no relacionamento?

Para os casados: Pense nestas perguntas de autoavaliação. Onde você pode melhorar?

Você proporciona momentos para que sua esposa tenha um tempo a sós com Deus (inclusive ajudando com as crianças pequenas, se for necessário)?

Você compartilha com sua esposa o que Deus está fazendo em sua vida?

Você dirige, sempre que possível, um tempo devocional com sua esposa e família?

Você confronta e disciplina o pecado na vida de seus filhos, ou deixa tudo para a esposa?

2. O HOMEM DE DEUS INTERCEDE PELA SUA FAMÍLIA (JÓ 1:1-5)

Diante de ordens bíblicas como: "Orai sem cessar" (1Tessalonicenses 5:17); de "orar sempre e nunca esmorecer" (Lucas 18:1) e de orar "em todo tempo no Espírito" (Efésios 6:18), parece óbvio que o homem de Deus deveria interceder por e com sua família. Infelizmente, como já vimos, muitas vezes não é isso que acontece.

Uma história bíblica às vezes esquecida ilustra o valor que Deus dá à intercessão familiar. Veja o início do livro de Jó e como Deus descreve o caráter de um homem íntegro, reto, temente a Deus e que se desviava do mal:

> Havia um homem na terra de Uz, cujo nome era Jó; homem íntegro e reto, temente a Deus e que se desviava do mal. Nasceram-lhe sete filhos e três filhas. [...] Seus filhos iam às casas uns dos

outros e faziam banquetes, cada um por sua vez, e mandavam convidar as suas três irmãs a comerem e beberem com eles. Decorrido o turno de dias de seus banquetes, chamava Jó a seus filhos e os santificava; levantava-se de madrugada e oferecia holocaustos segundo o número de todos eles, pois dizia: Talvez tenham pecado os meus filhos e blasfemado contra Deus em seu coração. Assim o fazia Jó continuamente (Jó 1:1,2,4,5).

Seria difícil imaginar um resumo melhor de uma vida que essa declaração sobre Jó: Era "homem íntegro e reto, temente a Deus e que se desviava do mal".

Para demonstrar esse caráter piedoso, transformado por Deus, os primeiros versículos do livro descrevem a piedade desse homem *no contexto do seu lar*. Essa abordagem não deve nos surpreender — é o que encontramos em 1Timóteo 3 e Tito 1 quando o apóstolo Paulo elabora as qualidades de caráter do homem chamado para pastorear a família de Deus. Se o lar é o lugar onde "somos o que somos", nada melhor que o contexto familiar para peneirar o caráter do homem de Deus.

Jó é considerado um dos livros mais antigos da Bíblia, fora do fluxo normal da história sagrada que focaliza o povo de Israel. Como sacerdote da sua própria família, Jó exemplifica para nós o pai que se responsabiliza por alcançar o coração de seus filhos.

O texto se divide em duas partes. Em primeiro lugar, o palco é preparado, e aprendemos sobre a bênção de Deus que pairava sobre Jó. Em seguida, temos um vislumbre da seriedade com que Jó levava sua responsabilidade como patriarca do clã: o pastoreio da sua família.

A. O palco preparado (1-3)

Os primeiros versículos da narrativa nos apresentam o caráter de Jó (1) e suas posses (2,3). Ao contrário do que afirmaram seus "amigos" mais tarde, que acusaram Jó de ser um pecador vil, ele é descrito como sendo "íntegro" (caráter inculpável), "reto" (fazia as coisas conforme o padrão divino), "temente a Deus" (andava na presença de Deus com reverência e amor) e "que se desviava do mal" (virava as costas para tudo que era maligno). Esse resumo do seu caráter foi repetido pelo próprio Deus diante de Satanás (cp. 1:8; 2:3).

Interessante notar que na "declaração de imposto de Uz" do ano 1500 a.C. o que constava em primeiro lugar na declaração de Jó era a página de dependentes. Jó tinha dez filhos: sete homens e três mulheres (2). Pelo relato que segue, podemos entender que seus filhos eram o que Jó tinha de mais precioso nesta vida.

Depois vem a declaração de bens, na qual aprendemos que esse homem era o mais rico de todo o Oriente (3). Mas, ao contrário da acusação de Satanás, os bens materiais nunca desviaram o foco de Jó em Deus e seu reino. Nas palavras de Romanos, ele nunca trocou a glória do Criador pelo brilho da criação (Romanos 1:23). No trono da sua vida, havia espaço somente para um: Deus.[41]

B. O pastoreio da família (4,5)

Com esse pano de fundo, o texto começa a descrever a família de Jó, como demonstração da integridade de seu caráter. O foco está em sua intercessão pelos filhos.

a) A prática dos filhos: celebração familiar

Lendo entre linhas, podemos especular um pouco sobre a bênção de Deus que também vinha sobre a *família* de Jó. Note as frases-chave no texto:

"Seus filhos iam às casas uns dos outros": No mínimo, podemos imaginar uma família em que os filhos se gostam. Se os filhos de Jó já tinham sua casa, provavelmente já eram casados. Com a maioria dos filhos casados, podemos imaginar vários genros, noras e netos em grandes confraternizações familiares. Compartilhar refeições era sinal de

---

41 Aprendemos outros fatos biográficos sobre Jó mais tarde no livro: ele era muito respeitado (29:7-11), um juiz justo e honesto (29:7,12-17), um conselheiro sábio (29:21-24), um patrão honesto (31:13-15,38,39), hospitaleiro e generoso (31:16-21,32). Veja Roy B. Zuck, "Job", *The Bible Knowledge Commentary*, Job 1:3 (Wheaton: Victor Books, 1983), vol. 1.

comunhão e intimidade no mundo antigo (e ainda hoje!). A família de Jó era uma família alegre!

"[...] e faziam banquetes, cada um por sua vez": Parece que ocorria algum tipo de rodízio, talvez para celebrar aniversários de casamento ou de nascimento dos filhos.

"[...] e mandavam convidar as suas três irmãs a comerem e beberem com eles": Mesmo que as irmãs já tivessem sua própria família e que ficassem sob a liderança do marido e dos seus pais (como era costume num mundo patriarcal), elas e sua família faziam questão de também participar dessas festas familiares.

Tragicamente, descobrimos mais tarde na narrativa que foi num desses encontros familiares que o pior aconteceu. Um mensageiro chega até Jó e relata: "Estando teus filhos e tuas filhas comendo e bebendo vinho, em casa do irmão primogênito, eis que se levantou grande vento do lado do deserto e deu nos quatro cantos da casa, a qual caiu sobre eles, e morreram" (18,19). Mal podemos imaginar a dor de um pai que perdeu *todos* os seus filhos em um só dia.

b) A prática do pai: intercessão familiar

O versículo 5 descreve a integridade de Jó em termos do pastoreio da sua família.

"Decorrido o turno de dias de seus banquetes": A passagem nos informa que Jó oferecia sacrifícios no final do período dos banquetes, ou, literalmente, quando "completavam seu circuito", talvez uma referência à última "festa de aniversário" do ano.

"[...] chamava Jó a seus filhos e os santificava": Interessante notar o aparente respeito dos filhos (já criados) para com o pai. Jó chamava, e os filhos atendiam prontamente ao chamado. A atuação de Jó como "sacerdote do lar" leva muitos a entenderem uma época bem remota nos tempos bíblicos, antes do estabelecimento do sistema sacerdotal em Israel.

A palavra "santificava" não necessita de uma interpretação mística, como se Jó tocasse os filhos com uma varinha *mágica que automaticamente os protegia de influências más. A palavra reflete a ideia de separação,* ou seja, consagração de um objeto (ou pessoa) para um propósito especial. Jó se preocupava com a consagração de vida dos seus filhos ao Deus verdadeiro. Qualquer propósito de vida menos que a glória de Deus em tudo que faziam seria plena perda na concepção do patriarca.

O termo aqui nos lembra da obra de santificação que Jesus fez pela igreja e que Paulo pede dos homens com respeito à esposa (Efésios 5:26).

"[...] **levantava-se de madrugada e oferecia holocaustos segundo o número de todos eles**": A ideia de levantar de madrugada nas Escrituras traz o conceito de urgência e expectativa. Jó não via a hora de desempenhar seu serviço sagrado como sacerdote do lar. O "holocausto" era uma oferta por completo, ou seja, um boi inteiro sacrificado para cada um dos filhos — um preço alto a pagar, mesmo para um "ricaço", mas que Jó pagava com alegria e desprendimento. Nada valia mais que a alma de seus filhos.

"[...] **pois dizia: Talvez tenham pecado os meus filhos e blasfemado contra Deus em seu coração**": Aqui encontramos a verdadeira motivação de um pai-pastor. O foco de Jó era *interno*, não *externo*. Não era uma preocupação com meras aparências, comportamento ou religiosidade (1Samuel 16:7b). Jó mirava o centro de controle dos seus filhos — o coração deles —, pois sabia que, uma vez alcançado o coração, o comportamento o seguia.[42]

Mais uma vez, podemos especular ao dizer que Jó provavelmente não sabia de nada específico na vida dos filhos que merecesse uma exortação. A palavra "talvez" sugere que, do lado de fora, parecia estar tudo bem com eles.

Todavia, como os filhos de Jó poderiam ter "blasfemado" contra Deus no coração? O texto não nos diz, mas podemos imaginar uma cena comum com filhos de grandes executivos, donos de multinacionais, empresários que proporcionam uma vida favorecida e herança invejável aos descendentes. Prosperidade pode ser um caminho curto

---

[42] O excelente livro de Tedd Tripp *Pastoreando o coração da criança* (São José dos Campos: Fiel, 2017) oferece muitas ideias práticas sobre como alcançar o coração do filho. Veja também David e Carol Sue Merkh, *151 reflexões sobre a educação dos filhos* (São Paulo: Hagnos, 2019).

para a apostasia da fé, especialmente quando o orgulho faz que o beneficiado se exalte como o grande rei Nabucodonosor, na época de Daniel: "Não é esta a grande Babilônia que *eu* edifiquei para a casa real, com o *meu* grandioso poder e para glória da *minha* majestade?" (Daniel 4:30). Se existe um pecado que Deus odeia mais que qualquer outro é o orgulho e a arrogância: "Deus resiste aos soberbos, contudo, aos humildes concede a sua graça" (1Pedro 5:5).

"Assim o fazia Jó continuamente": A última frase indica que esse era o costume de Jó "continuamente" (lit., "todos os dias"), provavelmente se referindo ao hábito que Jó tinha de interceder pelos filhos de maneira constante. Ele não oferecia holocaustos por todos os filhos todos os dias, pois o texto diz que somente fazia isso "decorrido o turno de dias de seus banquetes". Mas intercedia fielmente por seus filhos todos os dias.

Das três responsabilidades principais que os pais têm na educação de seus filhos (instrução: discipulado; intervenção: disciplina; e intercessão: dependência), a única que permanece ininterrupta mesmo depois que os filhos saem de casa, formam seus próprios lares e têm seus próprios filhos é a *intercessão familiar*.

Que todo pai adote como lema o que o profeta Samuel disse ao povo de Deus: "Quanto a mim, longe de mim que eu peque contra o Senhor, deixando de orar por vós..." (1Samuel 12:23). Pais piedosos nunca deixam de interceder pelos seus filhos. Nossa intercessão deve focalizar o coração, não somente o comportamento externo. Essa responsabilidade da paternidade não termina somente porque os filhos saíram de casa.

Podemos sugerir um simples esboço de 5 Cs da intercessão familiar por parte dos pais pastores em prol de seus filhos:

1. Conversão genuína.
2. Caráter (o fruto do Espírito).
3. Conduta (a vida de Cristo neles).
4. Carreira (que glorifiquem a Deus pela vocação).
5. Casamento (dentro dos padrões de Deus, se for a vontade de Deus que se casem).

A grande ideia

Deus chama homens para serem os líderes espirituais de sua família, intercedendo por ela e instruindo-a pelo ensino e exemplo nos caminhos do Senhor.

PARA REFLETIR E COMPARTILHAR

Quais os maiores obstáculos para você, como indivíduo, orar? Como poderia superar esses obstáculos?

Quais os maiores obstáculos para você, como marido e/ou pai, orar por e com sua esposa e seus filhos?

8 | Homens pastores de seus filhos: discipulado

TALVEZ UM DOS ACONTECIMENTOS que cause mais orgulho no papai seja quando o filho tenta imitá-lo. O pai pega um martelo e um prego, e o filho faz igual. O pai faz flexões, e o filho também — do jeito dele.

De vez em quando, os filhos nos envergonham quando nos imitam, como aconteceu quando um pai pediu que sua filha orasse antes de uma refeição com vários convidados em casa. "Mas não sei o que orar", ela respondeu. O pai disse: "Diga o que você sempre ouve mamãe falando para Papai do céu". Então a filha orou: "Ó meu Deus, por que eu convidei tanta gente para almoçar aqui em casa hoje...?".

Apesar da vergonha que às vezes passamos, o pai cristão realmente tem a responsabilidade de formar crianças à imagem de Cristo Jesus (Romanos 8:29; Efésios 6:4). O pai pode dizer ao filho o que o apóstolo Paulo declarou em 1Coríntios 11:1: "Sede meus *imitadores, como também eu sou de Cristo*".

Podemos chamar isso de "o sacerdócio do pai" ou talvez "o pastoreio do papai". Todo pai é um "pastor" do rebanho que Deus lhe concedeu. Infelizmente, muitos pais entendem que cumpriram seu papel quando põem pão na mesa. São ótimos provedores, mas deixam de ser "papais" presentes na vida dos filhos. Delegam o ensino e a correção à mãe. Falham em seu papel como líderes espirituais do lar.

Temos traçado os paralelos entre o papel do pastor e o papel dos pais. Já vimos no capítulo anterior como o pai deve ser um intercessor com e pela sua família, conforme o exemplo de Jó. Neste e no próximo capítulo, queremos ver mais duas responsabilidades que pastores e pais compartilham: discipulado e disciplina. Ambas as palavras veem da mesma raiz, que traz a ideia de formar um "aprendiz" do Senhor Jesus. No nosso caso, o discipulado aponta o caminho em que os filhos devem andar (Provérbios 22:6), e a disciplina os traz de volta quando saem desse caminho.

O DISCIPULADO DOS FILHOS

Como pais, sempre ensinamos nossos filhos — por palavras, ações e atitudes. É impossível escapar do olhar dessas pequenas ovelhas, que admiram tanto seus "pastores". Sempre transmitimos o que somos para elas. Com o tempo, os filhos se tornam o que os pais são. Por isso, o "pai-pastor" tem de reconhecer que ele é um "pai-professor", sempre instruindo seus filhos e vacinando-os contra a doença da "amnésia espiritual".

Qualquer pessoa que tenha experimentado um período de amnésia conhece a sensação desconcertante de acordar de repente depois de um tombo e perceber que uma parte de sua vida foi apagada da memória. Que tragédia! Contudo, uma tragédia ainda maior persegue inúmeras famílias cristãs hoje. Acreditando-se vencedoras, descobrem que estão prestes a perder a batalha pela preservação da lembrança mais preciosa do nosso legado espiritual. A amnésia espiritual apaga da nossa mente a lembrança de Deus.

O desvio da fé por parte dos filhos não começou com a chegada da televisão, do *rock* ou da cultura das drogas. Há quatro mil anos, Moisés, por inspiração divina, previu o problema e deu o seguinte aviso ao povo de Israel: "Havendo-te, pois, o Senhor, teu Deus, introduzido na terra que, sob juramento, prometeu a teus pais [...] quando comeres e te fartares, guarda-te, para que não esqueças o Senhor, que te tirou da terra do Egito, da casa da servidão" (Deuteronômio 6:10-12).

O perigo de então é o perigo de agora. As pessoas *naturalmente* se esquecem do Senhor. O vírus da prosperidade amortece os sentidos e provoca a amnésia espiritual. A maior ameaça dessa enfermidade é a sutileza com que contamina.

Será que o esquecimento vem da noite para o dia? Dificilmente. A prosperidade e a negligência dos pais em transmitirem à geração seguinte as palavras e os feitos de Deus criam um contexto favorável para a amnésia espiritual.

A doença atingiu uma geração inteira do povo de Israel depois do Êxodo, quando "outra geração após eles se levantou, que não conhecia o Senhor, tampouco as obras que fizera a Israel" (Juízes 2:10).

Como pais, deveríamos ficar profundamente sensibilizados e preocupados diante do fracasso de Israel. Se os filhos daqueles que tiveram tantas experiências marcantes com Deus esqueceram-se dele, como escaparão nossos filhos? Como alcançaremos vitória sobre a amnésia espiritual? A resposta está no remédio receitado por Moisés em Deuteronômio 6:4-9:

> Ouve, Israel, o Senhor, nosso Deus, é o único Senhor. Amarás, pois, o Senhor, teu Deus, de todo o teu coração, de toda a tua alma e de toda a tua força. Estas palavras que, hoje, te ordeno estarão no teu coração; tu as inculcarás a teus filhos, e delas falarás assentado em tua casa, e andando pelo caminho, e ao deitar-te, e ao levantar-te. Também as atarás como sinal na tua mão, e te serão por frontal entre os olhos. E as escreverás nos umbrais de tua casa e nas tuas portas.

O tratamento preventivo consiste em tomar vacinas — injeções da Palavra de Deus dentro do lar. Deuteronômio 6:4-9 prescreve que a Palavra de Deus e a lembrança dos seus feitos dominem de tal forma a vida dos crentes que seus pensamentos e palavras *naturalmente* se voltem para Ele durante o dia todo. O cristianismo do "um ao dia" — uma breve oração antes das refeições, uma leitura bíblica diária ou até mesmo a assistência de um culto por semana — não é suficiente para deter a imensa onda de pressão que incita os jovens a abandonarem a fé. Deus pede mais do que um interesse ritualista em sua Palavra. Sua receita prescreve um interesse vivo na pessoa dele e requer espontaneidade e criatividade, além de exercício na piedade.

O que faremos então? Cruzaremos os braços e enviaremos os filhos para a Escola Bíblica Dominical como se isso bastasse? Esperaremos que alguém chegue para resgatá-los? Pediremos que o pastor ou líder da mocidade "dê um jeito" neles? Certamente que não. É nossa responsabilidade como pais vacinar nossos filhos contra a amnésia espiritual! Essa não é uma tarefa da igreja, da creche, da escola (pública ou particular), muito menos do governo!

Deuteronômio 6 é fundamental nas Escrituras quando se trata de instrução espiritual no lar. O amor de Deus é o ponto de partida. Começa com os pais que têm um compromisso de lealdade e exclusividade para com o único Senhor (6:4,5). Manifesta-se por meio de devoção à sua Palavra (6:6) e estende-se à instrução formal e informal, espontânea e planejada, simbólica e constante dos filhos nos caminhos do Senhor (6:7-9).

Hoje percebemos como o Estado tem assumido quase toda a responsabilidade pela educação dos filhos. "Quase todo o sistema de educação e profissionalização é público e/ou privado e fora do lar. Cada vez mais, nas últimas décadas, as tarefas antes atribuídas aos pais agora são terceirizadas."[43]

De acordo com Deuteronômio 6:4, o ponto de partida de uma fé vibrante é reconhecer que Deus é o único Senhor da sua vida. Não há espaço para outros deuses. "Yahweh é nosso Deus, Yahweh é o único Deus!"

---

43 Langrafe, "O *Shemá* em Deuteronômio 6.1-9: a Importância de ensinar a próxima geração", p. 94.

O pai tem que amar a Deus de todo o seu ser. Se Deus é o único e verdadeiro Deus, a Fonte de todo o meu ser, o Criador, o bondoso e gracioso Pai, então Ele deve ser adorado exclusiva e espontaneamente, com tudo o que eu sou e tenho. Toda a vida deve girar em torno dele.

Esse Deus único falou conosco (v. 6). As palavras dele são nossa vida (Deuteronômio 32:7). O verdadeiro teste do amor é a obediência. Deus não queria uma Lei escrita em tábuas de pedra, mas no interior do coração — o centro da vida. Os mandamentos seriam o objeto constante de meditação e reflexão.

A expressão mais natural do meu amor por Deus e da Palavra dele no meu coração é que vou influenciar meus filhos com meu amor e minha vida alicerçada na Palavra dele. Como alguém comentou: "Cristianismo é somente uma geração removida em extinção. Nós somos essa geração". Se uma geração de pais falhar na transmissão da fé, o cristianismo desaparecerá da face da terra. Por isso, temos de batalhar contra a amnésia espiritual com tudo o que temos e tudo o que somos.

> A primeira geração conheceu a Deus;
> a segunda geração conheceu sobre Deus;
> a terceira geração não conheceu a Deus.

Como, porém, aplicar esses princípios em nosso lar? Nos versículos 7-9 o texto dá a resposta, que será o nosso foco a seguir.

PARA REFLETIR E COMPARTILHAR

Você já viu exemplos claros do ditado que diz: "Filho de peixe peixinho é"? Quais as vantagens e desvantagens do fato de os filhos muitas vezes imitarem seus pais?

Qual a importância do pai na educação dos filhos? Como a vida espiritual do pai afeta os filhos?

Como explicar o abandono em massa de Deus e da igreja por muitos jovens criados em lares cristãos?

1. O PAI DEVE ENSINAR A PALAVRA PROPOSITADAMENTE (7A)

> Estas palavras que, hoje, te ordeno estarão no teu coração; tu as inculcarás a teus filhos (Deuteronômio 6:6,7a).

O ensino da Palavra em casa não "acontece" simplesmente. Os pais sérios usam todos os métodos, todos os tipos de ensino, todas as situações, para inculcar a Palavra de Deus e o amor por Deus no coração dos filhos.

Os pais devem "inculcar" essas palavras no coração dos filhos. O dicionário Aurélio define "inculcar" como: "apontar, demonstrar, dar a entender, indicar, revelar, repetir com insistência para frisá-lo no espírito". A palavra hebraica usada serve para descrever flechas pontudas, repetidamente afiadas, para penetrar o coração ou os rins da caça (Isaías 5:28, Salmos 45:6; Salmos 73:21). Figurativamente, palavras "afiadas" são aquelas que penetram (Salmos 64:4, 140:4; cf. 120:4; Provérbios 25:18). A Palavra de Deus deve ser cuidadosa e continuamente apresentada a fim de "penetrar" o coração da criança.

O pai cristão prepara e planeja sua comunicação da Palavra de Deus para penetrar o coração de seu filho. Instrução diligente, consistente, coerente, constante e perseverante alcança seu objetivo justamente pela repetição. Essa é a responsabilidade do pai cristão que realmente ama a Deus. Ele grava sulcos profundos no cérebro de seu filho pela repetição e pelo propósito. Ele forma a cosmovisão bíblica do filho e combate a lavagem cerebral do mundo.

O conteúdo dessa instrução — sistemática, formal e informal, todo dia e o dia todo — inclui a história sagrada, os feitos de Deus do passado e presente:

> Ouvimos, ó Deus, com os próprios ouvidos; nossos pais nos têm contado o que outrora fizeste, em seus dias (Salmos 44:1).

Deus fazia questão de que as festas em Israel fossem momentos não só de celebração, mas também de catequismo, ou seja, instrução programada para garantir a continuação do legado da fé. Na Páscoa, os pais foram instruídos sobre o que dizer:

> Quando vossos filhos vos perguntarem: Que rito é este? Respondereis: É o sacrifício da Páscoa ao SENHOR, que passou por cima das casas dos filhos de Israel no Egito, quando feriu os egípcios e livrou as nossas casas (Êxodo 12:26,27).

A transmissão da fé inclui os mandamentos de Deus (Salmos 78:5,6), assim como o ensino prático ("na disciplina e na admoestação", Efésios 6:4; cp. Provérbios). O livro de Provérbios fornece um currículo para os pais na transmissão da sabedoria prática de Deus para as futuras gerações. Provérbios tem sido chamado o "Manual para instrução doméstica". Veja como Salomão descreve o ensino que ele recebeu de seu pai, Davi:

> Ouvi, filhos, a instrução do pai e estai atentos para conhecerdes o entendimento; porque vos dou boa doutrina; não deixeis o meu ensino.
> Quando eu era filho em companhia de meu pai,
> tenro e único diante de minha mãe, então, ele me ensinava e me dizia: Retenha o teu coração as minhas palavras; guarda os meus mandamentos e vive (Provérbios 4:1-4).

PARA REFLETIR E COMPARTILHAR

Quais são as maneiras práticas pelas quais o pai poderia inculcar a Palavra de Deus nos filhos?

Você tem um plano para ensino sistemático da Palavra de Deus para seus filhos? Se não, está aberto para ser ajudado a ter um?

2. O PAI DEVE ENSINAR A PALAVRA ESPONTANEAMENTE (7B)

... e delas falarás assentado em tua casa, e andando pelo caminho, e ao deitar-te, e ao levantar-te (Deuteronômio 6:7b).

A grande ênfase desse texto não é tanto o "culto doméstico" em si, mas o aproveitamento daqueles momentos naturais e espontâneos que se apresentam muitas vezes durante o dia. Esse é o verdadeiro desafio para o pai cristão! Sem amor profundo por Deus, torna-se quase impossível fabricar esse tipo de aula. O pai deve se preocupar constantemente com a transmissão da fé à próxima geração em todo momento, pronto para aproveitar cada oportunidade.

Esses momentos espontâneos e informais são descritos no texto como "assentado em tua casa, e andando pelo caminho, e ao deitar-te, e ao levantar-te". Em momentos de lazer no lar, durante viagens curtas ou longas, no final do dia (quando crianças são especialmente propensas a protelar a hora de dormir) e nos primeiros encontros pela manhã, os pais estão prontos para compartilhar o que transborda no seu próprio coração — o amor por Deus e sua Palavra.

Como e quando ensinar os filhos?

- **A qualquer hora.** A instrução não deve ficar limitada a um devocional após o café da manhã ou a uma história antes de dormir. Até mesmo os momentos mais rotineiros da vida, quando você se assenta em casa e quando anda pelo caminho, oferecem ocasiões para reflexão teológica espontânea e criativa. Por exemplo, as formigas que carregam suas migalhas podem estimular uma discussão sobre a diligência (Provérbios 6:6-8). A descoberta de um cãozinho perdido pode ser oportunidade para uma conversa sobre a alegria que Deus sente pela salvação de pecadores perdidos (Lucas 15).

- **Nas horas mais favoráveis ao ensino.** Os teóricos do aprendizado confirmam aquilo que estudantes percebem há anos: os últimos pensamentos da noite costumam ser os primeiros da manhã, e os primeiros pensamentos da manhã ecoam na mente durante o restante do dia. Deus pede para si esses momentos do dia especialmente apropriados para o treinamento formal e informal. Os pais que querem combater a amnésia espiritual devem iniciar e terminar cada dia falando do Senhor, além de fazerem todo o esforço para preencher o dia com reflexão espontânea sobre a sua Palavra.

Esse processo pode incluir:

- tempo juntos sem distrações;
- dedicação por parte dos pais;
- refeições juntos;
- viagens (observações sobre valores, oração juntos);
- passeios (apontar a natureza, lições objetivas).

PARA REFLETIR E COMPARTILHAR

Se você é solteiro, já desenvolveu o hábito de leitura bíblica diária? Sua família tem o hábito de ter um devocional juntos? Você poderia ser uma influência positiva nesse sentido, sem minar a autoridade de seus pais?

Quais são exemplos de oportunidades durante o dia para um ensino espontâneo de princípios bíblicos para os filhos? Você já teve oportunidades assim? O que aconteceu?

Dos momentos mencionados no texto — assentado, andando pelo caminho, ao deitar-se, ao levantar-se —, quais são mais propícios para você ensinar a Palavra aos seus filhos?

3. O PAI DEVE ENSINAR A PALAVRA SIMBOLICAMENTE (8,9)

O texto termina mostrando o valor de símbolos e lembranças concretas da Palavra do Senhor:

> Também as atarás como sinal na tua mão, e te serão por frontal entre os olhos.
> E as escreverás nos umbrais de tua casa e nas tuas portas (Deuteronômio 6:8,9).

A Palavra atada por "sinal" nos alerta sobre o fato de que o texto trata de símbolos que despertam a memória.[44] A ideia de amarrar ou gravar as palavras e os princípios da sabedoria é recorrente no Antigo Testamento (veja Êxodo 13:9,16; Provérbios 3:3, 6:21, 7:3). A palavra traduzida por "sinal" era usada para "memoriais", ou seja, lembranças concretas da graça e fidelidade de Deus na vida do povo, como as pedras tiradas do rio Jordão (Josué 4:6) e a vara de Arão (Números 17:25). "O sinal nas mãos e as faixas entre os olhos apontavam para a necessidade de constantemente e em todos os lugares ter os mandamentos do Senhor à vista e na mente, de modo a observá-los no dia a dia."[45] Esses sinais também serviriam para identificar pessoas que pertenciam à aliança de Deus com o seu povo.

Os judeus interpretavam esse texto literalmente, adotando o uso de filactérios (caixinhas de couro) com textos selecionados da Palavra de Deus. Mas, infelizmente, muitas vezes esqueciam o espírito por trás da ordem.

Como aplicar essas orientações em nossos lares, à luz de Deuteronômio 6:4-9?

---

44 Veja Provérbios 4:20-27 e 7:2-4, textos que usam o corpo humano como "visual" para "pendurar" ensinamento moral.

45 Langrafe, "O *Shemá* em Deuteronômio 6.1-9: a importância de ensinar a próxima geração", p. 67.

1. A instrução familiar deve ocorrer com o objetivo de desenvolver em nossos filhos o amor por Deus (Deuteronômio 6:5), prevalecendo sempre a qualidade, mas não excluindo a quantidade. O tédio é um hóspede indesejado no devocional familiar.

2. O amor a Deus cresce pelo conhecimento da sua Palavra (v. 6). Já que conhecer os mandamentos de Deus é um pré-requisito para obedecer-lhes, a instrução familiar deve oferecer tanto o conteúdo como a aplicação.

3. O conhecimento da Palavra de Deus acontece quando os pais a ensinam a seus filhos com diligência (v. 7). O método divino para o treinamento de homens e mulheres piedosos começa no "seminário do lar". A Escola Bíblica Dominical, os clubes bíblicos, as escolas evangélicas, os acampamentos e ainda outros programas podem suplementar o treinamento doméstico, mas nunca o substituir. Deus dá primeiramente aos pais a responsabilidade de passar adiante o legado da fé cristã (Efésios 6:4).

4. A família precisa estar tão envolvida com Deus que os pensamentos e conversas se voltem naturalmente para Ele durante o dia inteiro.

5. A família precisa se cercar de recordações constantes da Palavra de Deus (v. 8,9). Pais crentes deveriam estar preocupados em verificar, por exemplo, o que o filho acessa nas redes da internet, no *smartphone*, o que ocupa a parede dos quartos dos seus filhos ou o tipo de revistas que há em casa — possíveis indicadores da temperatura espiritual da família.

ALGUMAS SUGESTÕES PRÁTICAS[46]

O discipulado dos filhos acontece o dia todo e todo dia, de maneira informal e espontânea, como também de modo formal e planejado.

---

46 Veja mais ideias para dinamizar o "culto doméstico" e o ensino bíblico informal em nosso livro *101 ideias criativas para o culto doméstico*. Também acesse o canal de YouTube do autor "Palavra e família", sobre educação de filhos, e a *playlist* sobre "Culto doméstico", para mais ideias e materiais.

Muitos pais têm descoberto o valor de um tempo devocional regular, cada dia ou tantas vezes quanto possível na semana. Para dinamizar esse tempo devocional familiar, propomos o seguinte:

1. **Seja criativo e flexível.** Certamente não queremos ser palhaços, barateando a Palavra de Deus. Mas não há nada de espiritual em cansar nossos filhos com a Palavra. O devocional familiar exige criatividade — aquela criatividade que vem do próprio Deus, de quem fomos criados à imagem e semelhança. Para serem equilibrados e criativos, os pais devem ser flexíveis ao elaborar planos para o devocional, atentos para aproveitar oportunidades especiais e mesmo inesperadas.

2. **Seja breve.** Em termos gerais, o devocional familiar deve durar de 5 a 10 minutos quando os filhos são pequenos. Se em determinada ocasião o ambiente for especialmente propício, é possível estendê-lo por mais tempo, mas deve ser exceção, não regra.

3. **Seja informal e formal.** Por anos o termo "culto doméstico" tem assustado alguns pais desnecessariamente. O culto doméstico às vezes pode ser como uma miniatura do culto público, em que uma sequência litúrgica e formal ecoa as verdades do evangelho e prepara as crianças para acompanhar os cultos na igreja. Mas "litúrgico" não precisa significar frio nem demorado.
Ao mesmo tempo, há espaço para informalidade e espontaneidade. A adoração familiar deve ser viva e, conforme Deuteronômio 6:4-9, algo natural. Ninguém ganha pontos com Deus pela formalidade. Nada se compara ao espírito de união que experimentamos ao nos acomodarmos no sofá com nossas crianças no colo, de pijama, para juntos cantarmos, orarmos e lermos a Palavra de Deus.

4. **Seja ilustrativo.** Quem dirige o devocional familiar deve fazer uso de material audiovisual, dramatizações, ilustrações, histórias e outras técnicas para tornar vivas as verdades bíblicas. É fato comprovado que aprendemos muito melhor quando participamos do estudo bíblico usando *todos* os sentidos, não somente a audição. O próprio Senhor Jesus não ensinava nada aos seus discípulos sem contar uma história (Mateus 13:34). Se a repetição é a mãe da aprendizagem, o uso de ilustrações cativantes deve ser o pai!

5. **Seja prático.** Um dos erros mais comuns no tempo devocional da família é a preocupação excessiva com o conteúdo e a deficiência na aplicação. Em outras palavras, os pais ficam satisfeitos quando enchem o cérebro da criança com informações sobre a Bíblia e se esquecem de atingir o coração, para promover mudança de vida. O devocional bem-sucedido nunca termina antes de se descobrir pelo menos uma aplicação prática para a vida de cada membro da família. Alguma mudança concreta deve ser o alvo de todo estudo bíblico: "Tornai-vos, pois, praticantes da palavra e não somente ouvintes" (Tiago 1:22).

6. **Seja cristocêntrico.** Infelizmente, literatura devocional infantil muitas vezes tende ao moralismo, com mensagens do tipo "seja como Davi" ou "não seja como Golias" predominando. Uma abordagem cristocêntrica enfatizará a necessidade do coração de cada membro da família, bem como a provisão que Deus fez por nós em Cristo.

7. **Seja doutrinário.** Mais e mais pais estão descobrindo que até crianças muito pequenas conseguem memorizar confissões de fé e catecismos, além de muitos versículos. Os pais criativos procuram maneiras de tornar esse doutrinamento algo agradável.

CONCLUSÃO

O pai-professor aproveita toda oportunidade para ensinar a seus filhos os valores e princípios bíblicos transmitidos pelo Supremo Pastor. Ele ensina a Palavra formalmente e informalmente, propositadamente e espontaneamente, em todo lugar e em qualquer lugar, em todo tempo e o tempo todo. Não é fanatismo fingido, mas um estilo de vida exemplificado, que avalia toda a vida por uma perspectiva bíblica. O pai que ama a Deus de todo o coração transmite sua fé à outra geração!

A grande ideia

O pai que ama a Deus de todo o coração transmite sua fé à outra geração!

Para Refletir e Compartilhar

Se você é solteiro e namora, já tem o hábito de ter um tempo devocional com a namorada?

Se você é casado, quais os maiores obstáculos para liderar um tempo devocional com a esposa e os filhos? Como superá-los?

Cite alguns exemplos de situações corriqueiras que poderiam ser usadas como oportunidades de ensino informal de princípios bíblicos para os filhos. Pense em momentos como:

- viagens;
- entretenimento;
- tarefas domésticas;
- a natureza;
- tarefas escolares;
- conflitos.

Alguns pais do grupo podem recomendar materiais apropriados para o discipulado dos filhos que já usaram?

9 Homens pastores de seus filhos: disciplina

ALGUNS ANOS ATRÁS, TIVE a oportunidade de visitar duas aldeias de índios ianomâmis no norte do Brasil. Presenciei naquela cultura primitiva características do domínio de Satanás no relacionamento pai-filho. As crianças ianomâmis não respeitam seus pais. Em geral, são respondões; seus pais precisam falar três, quatro ou cinco vezes com ameaças e até gritos antes de os filhos obedecerem. Os filhos batem em seus pais. Andam soltos, fazendo o que querem, onde querem, como querem.

Depois de observar pais e filhos naquela cultura, pensei ironicamente comigo mesmo: "A civilização chegou às aldeias indígenas!". Isso porque já assisti ao mesmo drama em supermercados em São Paulo e outras metrópoles do mundo. Pior, alguns *experts* em educação de crianças promovem ativamente a ideia de que birra, gritaria e desobediência escancarada são totalmente aceitáveis no mundo moderno.

Paulo identificou "desobediência aos pais" como uma das características dos últimos tempos (2Timóteo 3:2). Parece que Satanás, sabendo que seu tempo é limitado (Apocalipse 12:12), está fazendo de tudo para minar o alicerce de lares cristãos, especialmente no relacionamento pai-filho.

Infelizmente, desobediência de filhos aos pais também caracteriza muitas famílias da igreja. Precisamos de um reavivamento verdadeiro. Conforme Efésios 5:18—6:4, o reavivamento começa no lar, com pessoas cheias (controladas) pelo Espírito de Deus, que usa a Palavra de Deus para nos transformar à imagem de Deus.

"Obediência com honra" resume a responsabilidade dos filhos para com os pais no lar cristão saudável (Colossenses 3:20, Efésios 6:1-3). Há amplo precedente no Antigo Testamento para a seriedade desse assunto: "A desobediência aos pais é colocada no mesmo nível da traição e idolatria" (cf., p. ex., Êxodo 21:15,17; Levítico 19:3; 20:9; Deuteronômio 21:18-21; 27:16).[47]

No entanto, precisamos deixar claro de antemão que a obediência em si não é o alvo dos pais. Não estamos interessados em criar pequenos "robôs" que atendem a cada pedido dos pais. Nosso alvo é o coração, como descobrimos em Provérbios 4:23: "Sobre tudo o que se deve guardar, guarda o coração, porque dele procedem as fontes da vida". O clamor dos pais diante de Deus é: "Dá-me, filho meu, o teu coração, e os teus olhos se agradem dos meus caminhos" (Provérbios 23:26).

> Introduzir o filho em um relacionamento pessoal com Deus em Cristo deve ser o desejo ardente do coração de todos os pais cristãos (principalmente por causa de sua preocupação com a salvação do filho). Não obstante, os pais devem exigir a obediência e punir a desobediência, mesmo no caso de filhos que (ainda) não são cristãos.[48]

---

47 Köstenberger, *Deus, casamento e família*, p. 112.
48 Ibidem, p. 114.

Como já vimos, foi justamente pela preocupação com o coração, ou seja, o íntimo do caráter de seus dez filhos, que Jó intercedia diariamente por eles (Jó 1:5).

Assim como o pastor de rebanho vai atrás de ovelhas desgarradas e às vezes precisa discipliná-las, para que evitem perigos maiores longe do aprisco, os pais precisam intervir na vida de seus filhos com disciplina equilibrada.

A insistência em obediência bíblica é o primeiro passo tanto do discipulado como da disciplina, visando ao coração deles, ou seja, é o primeiro passo para evangelizar nossos próprios filhos. Isso porque a obediência conforme os padrões divinos ficará tão longe do seu alcance que cairão no que os puritanos chamavam de "santa frustração". Essas são as más notícias que todo ser humano precisa saber antes de descobrir as boas: que Cristo Jesus morreu na cruz e ressuscitou ao terceiro dia, justamente para transformar nosso coração e nos dar uma nova capacidade de obedecer-lhe.

A disciplina amorosa, consistente e coerente, visando a uma obediência bíblica de coração, constitui um passo fundamental na evangelização dos filhos.

Não basta dizer que Deus requer obediência e disciplina para a desobediência. Afinal, que tipo de obediência? E como disciplinar a desobediência?

PARA REFLETIR E COMPARTILHAR

Você já viu exemplos de pais que se orgulham da sua tolerância com a desobediência? Onde? Como?

Por que "disciplina" é tratada por tantos hoje como se fosse palavrão? Qual o papel da disciplina no pastoreio amoroso?

1. OBEDIÊNCIA BÍBLICA

Alguns pais ficam satisfeitos quando seus filhos "obedecem" depois de sete gritos, três ameaças e uma ligação fingida para o orfanato vir buscar o filho. Outros agem como se 90% de obediência fosse o suficiente. Afinal, são crianças!

No entanto, o diamante chamado "obediência bíblica" tem um brilho todo especial. Vamos examinar como as Escrituras definem obediência aos olhos de Deus, para poder estabelecer esse padrão em nosso lar e exercer a disciplina quando ficam aquém do que Deus pede. O propósito final sempre será de expor o coração dos filhos como realmente é e, no fim, levá-los até a cruz de Cristo. Existem pelo menos três facetas desse brilhante que descrevem a obediência bíblica.

A. Obediência imediata (Números 14:6-9,39-45)

Deus mandou o povo de Israel entrar na Terra Prometida, mas ele se tornou rebelde e desobediente. Na hora de entrar, logo no início do Êxodo, enviaram espias para trazer uma notícia sobre Canaã. Mas, diante de um relatório desanimador por parte de 10 dos 12 espias ("há gigantes na terra!"), o povo cruzou os braços e recusou-se a entrar. O resultado foi uma disciplina severa, envolvendo a morte de toda aquela geração durante os quarenta anos em que Israel foi disciplinado por Deus, vagueando no deserto.

Deus, como um bom Pai, não aceita obediência de qualquer jeito. Ele é o Grande Rei, e, quando fala, espera uma resposta imediata. Quando os pais abaixam o padrão de obediência até que fique ao alcance de qualquer um, encorajam a autossuficiência da criança e minam sua necessidade da obra da cruz e de Jesus em sua vida. O padrão bíblico para pais (e para paz no lar!) é obediência imediata — na primeira vez, com instruções dadas em tom normal de voz, sem repetição e ameaça.

Oferecemos algumas sugestões práticas para ensinar o padrão de obediência imediata:[49]

---

49 Algumas dessas ideias vieram de Gary e Anne-Marie Ezzo, no currículo "Educação de filhos à maneira de Deus".

- Quando você dá uma ordem, fale em tom normal de voz, com clareza, olhando nos olhos.

- Ensine seus filhos a reconhecerem (responderem) verbalmente a seu pedido. Sugerimos a resposta: "Sim, papai", ou algo semelhante. (Não defendemos o autoritarismo; o que queremos é eliminar a possibilidade de má compreensão e desculpas mais tarde do tipo "não entendi", "não ouvi", "não sabia".)

- Quando possível, os pais devem dar uma razão bíblica que justifique a ordem, para ensinar o princípio moral por trás dela, não somente legalismo.

- Quando não houver obediência imediata, deve haver uma disciplina apropriada, sem ira.

- Pais que nunca estabeleceram esse padrão bíblico devem pedir perdão aos filhos por essa falha e dar uma explicação das novas regras da casa.

B. Obediência inteira (total ou completa) (1Samuel 15:9-11,22)

A segunda faceta do diamante da obediência bíblica que Deus requer é obediência inteira, ou seja, total. Mais uma vez, a história de Israel nos fornece uma ilustração clássica desse princípio. O profeta Samuel, conforme a ordem divina, mandou o rei Saul exterminar os amalequitas, um povo idólatra, imoral e violento. Isso para não correr o risco de eles contaminarem o povo de Deus com seu pecado. Mas o rei Saul tinha outra ideia: por si mesmo decidiu poupar a vida do rei inimigo, Agague, junto com o melhor dos espólios da guerra contra os amalequitas. Algumas Bíblias colocam um título descritivo sobre esse episódio antes de 1Samuel 15:9, que diz: "Obediência parcial", mas aos olhos de Deus não existe "obediência parcial". Obediência parcial equivale a rebeldia total. Provérbios descreve quem faz isso como sendo "sábio aos [...] próprios olhos" (Provérbios 3:7), o que por sua vez constitui uma exaltação do "eu" e uma diminuição da santidade e sabedoria de Deus.

Os pais que permitem que seus filhos negociem as condições de obediência, que aceitam uma obediência parcial em nome da "paz" no lar (por medo de contrariar o filho), que se recusam a disciplinar a desobediência são cúmplices do pecado do filho. Ao trabalharmos essa faceta do diamante do caráter do nosso filho, não podemos errar sem que haja manchas no brilhante.

Os pais ensinam o padrão de desobediência de várias maneiras. Negociação em meio a conflito leva os pais a aceitarem uma porcentagem de desobediência em vez de obediência completa, muitas vezes para evitar mais conflito em casa. Abaixam o padrão e aceitam obediência parcial diante de um jogo de poder.

Esses padrões podem parecer autoritários. Por isso, é importante reconhecer que a autoridade dos pais é uma autoridade emprestada do próprio Cristo. Ele, que tem a primazia, constituiu os pais como seus representantes, autoridades amorosas na vida dos filhos. Não podem aceitar desrespeito, desobediência ou desonra vindos dos filhos, *por amor de Cristo!*

Tudo isso, é claro, pressupõe um contexto de amor, com expressões frequentes de carinho por parte dos pais. Estes andam com seus filhos e exemplificam o mesmo tipo de obediência imediata e inteira às autoridades que Deus constituiu sobre eles. Gastam tempo com os filhos. Abrem portas para conversas francas e abertas. Saem com os filhos individualmente e como família. Brincam juntos, praticam esportes, pescam, assistem a filmes, abraçam e encorajam os filhos.

Obediência parcial é rebeldia total e é inaceitável para o filho de Deus. Pais que não ensinam essa forma de obediência e não disciplinam estão treinando seus filhos a pecar, e eles mesmos estão em pecado.

C. Obediência interna (Mateus 15:7-9; Isaías 29:13,15)

A última faceta da obediência bíblica é a mais importante de todas. Quando falamos em obediência interna, falamos de obediência de coração. Os pais precisam, acima de tudo, atingir o coração dos filhos.[50] Caso contrário, mesmo que consigam transmitir o padrão de

---

50 Recomendamos os livros de Tedd Tripp, *Pastoreando o coração da criança* (São José dos Campos: Fiel, 2017) e de David e Carol Sue Merkh, *151 reflexões sobre a educação*

obediência imediata e inteira, provavelmente criarão filhos fariseus e legalistas, com o coração distante dos pais — e de Deus! Os pais não podem se contentar com obediência superficial ou só quando os outros estiverem olhando.

Mais uma vez, o povo de Israel ilustra esse aspecto negativo da obediência da boca para fora.

> Hipócritas! Bem profetizou Isaías a vosso respeito, dizendo: Este povo honra-me com os lábios, mas o seu coração está longe de mim. E em vão me adoram, ensinando doutrinas que são preceitos de homens (Mateus 15:7-9; cp. Isaías 29:13,15).

Obediência interna quer dizer sem desafio, sem reclamação, de boa vontade, com alegria. Que padrão alto! Sem dúvida, esse padrão exigirá muito de pais e filhos: tempo para avaliar atitudes, questionar, conversar, sondar, refletir, disciplinar, confessar, perdoar e orar. Os pais terão que correr atrás não somente de ações, mas de atitudes. Mas, por fim, isso trará ricas recompensas aos pais e aos filhos, justamente porque essa faceta toca no centro, no interior do brilhante — o coração.

O apóstolo Paulo questionou: "Quem [...] é suficiente para estas coisas?" (2Coríntios 2:16b). A resposta: Ninguém! Em comparação com o padrão bíblico, tanto filhos como pais, tanto índios ianomâmis como famílias "civilizadas" do Primeiro Mundo estão "fritos". Mas, quando cai essa ficha no coração do filho... quando ele exclama: "Não *consigo* obedecer!", está na hora de conduzi-lo até a cruz de Cristo. Ele não consegue obedecer, mas Jesus, sim. E Jesus quer viver sua vida através do seu filho. Quando ele reconhece que é miserável pecador, os pais têm o privilégio de apresentar-lhe a obra final de Jesus, o Deus-homem que *nunca* pecou, mas sofreu pelo nosso pecado. Ele ressuscitou ao terceiro dia para que a vida dele seja nossa, desde que confiemos única e exclusivamente nele.

---

de filhos: sabedoria bíblica para alcançar o coração e transformar a trajetória de vida do seu filho (São Paulo: Hagnos, 2019).

Para Refletir e Compartilhar

Como o exemplo de obediência bíblica começa com os próprios pais?

Como pais que mantêm o alto padrão de obediência (santidade) que Deus requer favorecem a pregação do evangelho aos seus próprios filhos?

Por que é tão fácil (e comum) os pais diminuírem os padrões de obediência bíblica no trato com seus filhos? Como manter o alto padrão que Deus exige sem se tornar um "carrasco"?

2. DISCIPLINA BÍBLICA

Muitos anos atrás, vi algo que me ajudou muito a entender o papel dos pais na disciplina dos filhos. Na ocasião, estive na África com um time de futebol, jogando em várias aldeias, procurando construir pontes de amizade entre os missionários e o povo. Em um domingo, tive a oportunidade de pregar numa colônia de pessoas leprosas. Presenciei os danos que aquela doença provoca, fazendo que pessoas percam dedos, mãos, orelhas e outros membros do corpo.

Descobri que o problema da lepra não é que a doença em si ataca as extremidades do corpo, mas que dessensibiliza os nervos. A pessoa atingida perde a sensação de dor e, por isso, torna-se insensível a feridas que acabam destruindo o próprio corpo.

A dor do leproso, ou melhor, a falta de dor, causa grandes prejuízos físicos. Mas minha experiência naquela vila africana me fez pensar em outro prejuízo. A Palavra de Deus nos diz: "Filho meu, não rejeites a disciplina do Senhor, nem te enfades da sua repreensão. Porque o Senhor repreende a quem ama, assim como o pai, ao filho a quem quer bem" (Provérbios 3:11,12). A disciplina bíblica, produto do amor de um pai, visa providenciar "nervos espirituais" para o filho. A dor artificial de consequências estruturadas pelos pais ajuda o filho a entender que desobediência, rebeldia, mentira e outros pecados são altamente prejudiciais para sua saúde espiritual. O pai que recusa disciplinar seu filho torna-se cúmplice de criar um leproso espiritual.

O pai que ama sua popularidade mais do que ama seu filho; o pai inseguro, que teme perder o amor do filho; o pai contagiado por conceitos antibíblicos; o pai que nunca teve o privilégio de uma instrução bíblica sobre correção no lar; o pai ausente ou negligente, todos esses que deixam de corrigir seus filhos correm o risco de criar leprosos espirituais. Provérbios nos alerta que "O que retém a vara aborrece a seu filho, mas o que o ama, cedo, o disciplina" (13:24). Por isso, pais precisam disciplinar seus filhos. Por isso, jovens precisam receber a instrução e a correção vindas dos pais para crescer em sabedoria.

Os pais que não seguem o conselho divino sobre criação de filhos também põem seus filhos em grande perigo de morte prematura, tanto física como espiritual (Provérbios 23:13,14; compare com 19:18). Há precedente suficiente nas páginas da Bíblia para nos alertar contra essa possibilidade: Eli, Samuel e Davi, conhecidos como líderes espirituais, perderam seus próprios filhos justamente pelo fato de não os disciplinar.

O alto índice de maus-tratos de crianças deve nos assustar e alertar contra o problema. Disciplina bíblica não significa espancar a criança. Contudo, o fato de que algumas pessoas abusam do princípio bíblico não deve nos levar a descartar o princípio. Se algumas pessoas comem demais, isso não significa que vou parar de comer. Se um amigo meu morreu num acidente de carro, ainda vou dirigir meu carro, só que com mais cuidado. Não disciplinar seu filho somente porque algumas pessoas abusam do princípio bíblico simplesmente não faz sentido.

Nunca é demais enaltecer o valor da disciplina bíblica. "Corrige o teu filho, e te dará descanso, dará delícias à tua alma" (Provérbios 29:17). Infelizmente, a criança não disciplinada — que já é difícil enquanto pequena — cresce para ser insuportável mais tarde. Como Provérbios diz: "A criança entregue a si mesma vem a envergonhar a sua mãe" (29:15).

Por outro lado, a criança disciplinada biblicamente "dará delícias" aos pais. É interessante notar que a palavra "delícias" era usada para comidas finas e luxuosas, a comida de reis (Gênesis 49:20; Lamentações 4:5). Quem começa cedo a corrigir seu filho e continua firme participará de um banquete real como convidado de seus próprios filhos.

Aqui podemos resumir o que a Palavra de Deus diz sobre disciplina de filhos pelos pais.[51]

1. A disciplina é uma prova de amor — de Deus e dos pais (3:11,12; 13:24; Hebreus 12:5-11).
2. A disciplina salva de morte prematura (Provérbios 19:18; 23:13,14).
3. A disciplina ajuda a evitar a repetição do pecado (Provérbios 19:19).
4. A disciplina expõe o coração — e leva a Cristo (Provérbios 20:30; 22:15).
5. A disciplina dá sabedoria (Provérbios 29:15).
6. A disciplina dá alegria e descanso — aos pais e aos filhos (Provérbios 29:17).

Para Refletir e Compartilhar

Em que sentido os pais que se recusam a disciplinar seus filhos demonstram falta de amor?

Em que sentido dor é uma bênção? Como seria nossa vida sem a sensação de dor?

Como a graça entra na questão da disciplina? A graça impede a disciplina ou a disciplina mostra graça?

---

51 Para uma explicação muito mais detalhada sobre disciplina bíblica, veja o artigo do autor "O manifesto sobre disciplina", no site: <https://www.palavraefamilia.org.br/post/novos-posts-em-breve-fique-por-dentro>.

UMA VISUALIZAÇÃO

Podemos visualizar o processo de discipulado e disciplina com uma ilustração. Imagine uma linha de pedreiro esticada no chão, amarrada a distância em uma Bíblia. Os pais são construtores, que cavam uma valeta (trilha) em que o filho precisa andar — o caminho do Senhor como traçado pela Palavra (Provérbios 22:6).

No início do processo, a valeta está rasa, e a criança consegue escapar dela com certa frequência. Nessas ocasiões, os pais aplicam uma correção para que o filho volte correndo para o caminho do Senhor.

Os pais continuam cavando (ensinando), e a valeta fica cada vez mais funda — e mais difícil para o filho sair. Depois de poucos anos, não é mais necessária tanta disciplina, pois o filho consegue associar os desvios do caminho com as consequências dolorosas na vida. Os pais ensinam o filho a seguir o "norte" da Palavra, e logo o filho adota essa bússola para direcionar o resto de sua vida.

À medida que o filho cresce, os pais dão cada vez mais liberdade a ele, que se mostra responsável e capaz de continuar no caminho do Senhor — mesmo quando os pais não estejam vigiando cada passo. Eventualmente, o filho pode até ultrapassar os pais nessa "valeta" do Senhor. Um dia, se Deus assim permitir, o filho encontrará uma companheira que tenha o mesmo norte, o mesmo Mestre, a mesma missão na vida, e juntos continuarão cavando o caminho do Senhor para seus filhos. Mesmo quando forem velhos e os pais não estiverem mais presentes, eles continuarão nesse caminho.

Há exceções a esse princípio? Sim. Um filho bem encaminhado pode mais tarde decidir por conta própria desviar-se do caminho do Senhor? Claro. Mas a existência de exceções não anula a regra.

Esses pais experimentam o que o apóstolo João disse sobre seus filhos na fé: "Não tenho maior alegria do que esta, a de ouvir que meus filhos andam na verdade" (3João 4).

O PROCESSO DA DISCIPLINA

Provérbios não traça os passos específicos que a disciplina bíblica deve seguir. Mas queremos sugerir elementos que podem e devem fazer parte, se não de todo caso de disciplina, pelo menos de muitas ocasiões em que a correção se torna necessária. Não desanime, pensando que nunca será capaz de fazer tudo isso. Lembre-se de que a criação de filhos é um processo, não um evento.

1. Ensinar os limites com ordens e proibições claras, em tom normal de voz, sem repetição e ameaça. ("Ameaça" significa uma consequência prometida que os pais não pretendem cumprir. Advertir o filho sobre consequências que ele pode esperar se continuar na desobediência não constitui uma ameaça.)

2. Esperar uma resposta verbal do filho ("Sim, papai") depois de ter dado uma ordem. Exija obediência bíblica, ou seja, imediata, inteira (por completo) e interna.

3. Depois da ofensa, verificar com calma se houve mesmo desobediência e esclarecer a natureza da ofensa com a criança, em particular. Trabalhe a questão da raiz do pecado, não somente o comportamento. (Por exemplo, egoísmo, cobiça, ódio etc.) Essa é uma boa oportunidade para apontar para a pessoa e obra de Jesus Cristo na cruz como solução para o problema do pecado em nós.

4. Explicar as consequências do pecado. Na medida do possível, devem ser diretamente ligadas à ofensa, para que a criança associe a transgressão ao castigo. Quando isso não for possível, os pais devem providenciar explicações claras do motivo da disciplina.

5. Administrar a disciplina de forma apropriada, sem gritaria, ira ou excesso.

6. Verificar que a criança aceite a disciplina sem resmungar, espernear ou resistir. Permitir que ela chore, mas que expresse seu remorso ou tristeza de forma não escandalosa.

7. Esperar por um pedido de perdão (não "desculpas"). Os pais terão de ensinar a diferença (perdão se pede por ofensas propositais e pecaminosas; desculpas se pedem por acidentes) e também ensinar a importância do arrependimento e da reconstrução de relacionamentos. O verdadeiro arrependimento virá acompanhado de restituição pelos danos provocados pela desobediência.

Insista em que seu filho restitua de forma justa os estragos de tempo, propriedade, reputação etc. que provocou.

8. Expressar seu amor pelo filho de forma apropriada (um abraço, um tempo juntos etc.).
9. Orar com seu filho.
10. Esquecer-se da ofensa e restaurar sua comunhão.

CONCLUSÃO

O pai-pastor trabalha noite e dia para proteger seus filhos contra a amnésia espiritual pela instrução e contra a lepra espiritual pela intervenção da disciplina. Como alguém certa vez comentou sobre a responsabilidade de criar filhos: "Qualquer um pode gerar um filho, mas ser pai exige alguém especial". Apesar de nossas muitas falhas, Deus pode nos dar a graça de sermos pais dignos de imitação por nossos filhos. Que sejamos mais que progenitores de filhos; que sejamos pais-pastores.

A grande ideia

Deus chama os pais para disciplinar os filhos conforme o padrao de obediência bíblica para alcançar o coração deles e levá-los à salvação em Cristo Jesus.

Para Refletir e Compartilhar

Eclesiastes 8:11 diz: "Visto como se não executa logo a sentença sobre a má obra, o coração dos filhos dos homens está inteiramente disposto a praticar o mal". Até que ponto temos visto esse princípio de impunidade exemplificado na sociedade? Na política? Na igreja? Na família?

Em geral, as pessoas tendem a olhar para o conceito de disciplina de forma positiva ou negativa? Em que sentido podemos entendê-lo como algo positivo, à luz da Bíblia?

Por que é tão importante para os pais manterem um relacionamento de transparência e intimidade com seus filhos no processo de educá-los dentro dos padrões do evangelho?

10 Homens protetores

UMA DAS MINHAS FILHAS estudou numa grande universidade evangélica nos Estados Unidos. Infelizmente, o espírito da época já havia se infiltrado em alguns cursos. Em uma matéria que tratava da família na sociedade moderna, o professor fez um levantamento da turma — a grande maioria mulheres — sobre sua postura quanto ao papel dos sexos no casamento. A maioria dos alunos afirmava, como o professor, que não havia nenhuma diferença entre o papel de homem e o papel de mulher na família.

Nossa filha, junto com duas ou três outras alunas, discordava. O professor, ridicularizando essa postura, fez a seguinte pergunta:

— Então, Keila, se um dia você for casada e no meio da noite ouvir um barulho estranho vindo da sala, você vai acordar seu marido e esperar que seja sempre ele quem investigue?

— É claro! — ela respondeu.

— Ah, então você vem de uma daquelas famílias tradicionalistas, não é? — ele zombou.

Esse é o estado em que nos encontramos hoje. O mundo unissex obliterou as distinções entre homens e mulheres. Pior, inverteu os papéis, a ponto de que as mulheres são as super-heroínas, que precisam defender e proteger homens fracos e indefesos.

Deus, porém, fez o homem como protetor. Como homem, eu sou, sim, guardião do meu irmão, ou melhor, da minha esposa, dos meus filhos, da minha igreja, da sã doutrina e da pátria. Negar esse fato significa anular um aspecto essencial do que significa ser homem — e homem parecido com Jesus.

Vamos traçar essa ideia ao longo das Escrituras:

1. Na Criação, Deus criou o homem como protetor do Jardim, da Palavra, do meio ambiente e da esposa.
2. Ao cair no pecado, o homem falhou em seu papel de protetor e trouxe efeitos desastrosos para todas as esferas mencionadas anteriormente.
3. Em Cristo, o novo e último Adão, encontramos o modelo perfeito do homem como protetor.
4. Pelo Espírito de Deus, homens refeitos à imagem de Jesus podem mais uma vez assumir seu papel como protetores.

Embora o foco dessa lição e algumas outras seja mais voltado para o homem casado, os princípios também se aplicam à vida do solteiro, sua cosmovisão e seu preparo para o casamento, se assim for a vontade de Deus. Todos nós, como homens, precisamos saber o que Deus espera de nós no lar, na igreja e na comunidade.

1. NO PRINCÍPIO: O HOMEM (ADÃO) COMO PROTETOR

Desde o início, Deus encarregou o homem de responsabilidades como seu representante na terra. Como já vimos, um aspecto principal da imagem de Deus refletida no homem é sua responsabilidade como mordomo da criação e guardião do Jardim, da Palavra de Deus e da sua família. Parte do seu mandato foi a responsabilidade de sujeitar e dominar "sobre os peixes do mar, sobre as aves dos céus e sobre todo animal que rasteja pela terra" (Gênesis 1:28). Deus ecoa esse mandato em Gênesis 2:15: "Tomou, pois, o Senhor Deus ao homem e o colocou no jardim do Éden *para o cultivar e o guardar*".

Implícita na narrativa é a responsabilidade do homem de guardar as ordens de Deus que lhe foram entregues. Havia duas responsabilidades principais: cultivar (literalmente, "servir") o Jardim e *guardá-lo*.

Como guardião do Jardim, Adão foi um mordomo da criação e do meio ambiente. Sujeitar e dominar os seres criados por Deus significava assumir o papel de representante de Deus, com a procuração divina de atuar como Deus fez na obra da Criação, dando forma e enchendo a terra. O homem protege a criação quando desempenha fielmente seu trabalho de fazer que a terra seja tudo o que Deus pretendeu que ela fosse.

O homem, porém, também é protetor das palavras de Deus. A palavra traduzida por "guardar" foi usada no sentido de "exercer grande cuidado com", muitas vezes no sentido de proteger, seja um rebanho (Gênesis 30:31), seja uma casa (2Samuel 15:16), seja o caminho à árvore da vida (Gênesis 3:24). Deus nos protege e guarda (Salmos 34:20; 86:2; 121:3,4,7,8). Um dos principais usos do termo "guardar" diz respeito à Palavra de Deus (Jeremias 35:18; Êxodo 20:6) e às alianças com Deus (Deuteronômio 29:8; 1Reis 2:43). Deus deu instruções específicas e claras para Adão sozinho no Jardim, antes da criação da mulher, e esperava que ele fosse um fiel protetor dessas palavras.

Adão também seria o guardião da família, a começar pela própria esposa, Eva. Ela também fazia parte do Jardim. Juntos, eles iriam "sujeitar e dominar" a terra (Gênesis 1:28). Mas primeiro Deus o elegeu como guardião de Eva, que incluía a responsabilidade de ensinar-lhe as palavras que Deus lhe havia confiado.

Para Refletir e Compartilhar

Como a propaganda "unissex" tem diluído as distinções entre homens e mulheres? Como tem impactado a perspectiva do homem como protetor?

Se Deus fez o homem para ser um protetor, quais são maneiras legítimas pelas quais homens, solteiros ou casados, podem exercer esse papel no mundo ao seu redor? Na família? Na igreja?

2. NA QUEDA: O HOMEM FALHOU COMO PROTETOR E PROVOCOU CONSEQUÊNCIAS DESASTROSAS

Infelizmente, o homem falhou em seu papel como protetor. Aparentemente, Adão foi omisso na transmissão da Palavra do Senhor para Eva. Ela errou pelo menos três vezes ao citar as palavras de Deus para a serpente na hora da tentação.[52] Adão também foi passivo quando Satanás subversivamente seduziu Eva e não falou diretamente com ele como líder do lar. Tudo no texto indica que Adão estava presente com Eva naquele momento (as melhores traduções de Gênesis 3:7 dizem que Adão estava "com ela"). Mas ele não abriu a boca para defender sua

---

52 Por duas vezes, ela minimizou o que Deus havia falado em Gênesis 2:16,17 ("comerás livremente" para "podemos comer" e "certamente morrerás" para "para que não morrais"; acrescentou: "nem tocareis nele"; não destacou que eles podiam comer de "toda" árvore quando disse: "Do fruto das árvores do jardim podemos comer". Finalmente, mudou a forma de identificação da árvore "do conhecimento do bem e do mal" para "a árvore que está no meio do jardim".

esposa, muito menos proteger a Palavra de Deus dos ataques satânicos e dos erros dela.

Como consequência, todas as esferas de mordomia e de proteção foram atingidas. Primeiro, a Palavra de Deus foi distorcida. Segundo, em vez de proteger sua esposa, Adão a expôs a uma morte fulminante quando a culpou pelo seu pecado, efetivamente condenando-a à pena de morte à mão de Deus. Em vez de protegê-la e assumir a culpa que era dele, tentou transferir toda a responsabilidade para Eva, que ficou indefesa.

Mais tarde, Deus aplicou o princípio legal de *lex talionis*, a "lei da retaliação", em que as consequências seguem o crime. O relacionamento conjugal iria sofrer diante das tentativas da mulher de dominar o marido e do marido de oprimir — não proteger — a esposa (Gênesis 3:16).

Finalmente, a própria terra se rebelou contra o homem. A criação virou caos. O "guardar" do meio ambiente passou a ser uma guerra entre o homem e a criação, em que, no fim, a terra iria ganhar, engolindo o homem que iria morrer e voltar a ser pó (terra) (Gênesis 3:17-19).

Para Refletir e Compartilhar

Por que parece ser tão difícil para homens serem guardiões espirituais? Como poderiam ser mais fiéis transmissores da Palavra de Deus em suas esferas de influência?

Cite exemplos atuais de situações em que homens deixam de proteger sua esposa.

3. EM CRISTO ENCONTRAMOS O MODELO PERFEITO DO HOMEM COMO PROTETOR

Jesus exemplificou o padrão de proteção que caracteriza o homem verdadeiro. Diferente do primeiro Adão, que falhou em seu mandato,

Jesus guardou perfeitamente a Palavra de Deus e a transmitiu fielmente aos seus seguidores (João 17:6-8). Em contraste com Eva, quando Jesus enfrentou as tentações do Diabo no deserto, ele citou as palavras exatas de Deus (Mateus 4:1-11). Deixou claro que o homem não vive pelo pão somente, mas de cada palavra que procede da boca de Deus (Mateus 4:4). Afirmou que nenhuma letra nem uma parte de uma letra passaria até que tudo se cumprisse (Mateus 5:18). Jesus, que era o Verbo de Deus encarnado (João 1:1,14), defendeu a sã doutrina e a interpretação correta das Escrituras durante todo o seu ministério (Mateus 5:17-48). Jesus também defendia a casa de seu Pai, que deveria ser uma casa de oração, não um covil de ladrões (João 2:13-25; Mateus 21:12,13; Marcos 11:15,16; Lucas 19:45,46).

Jesus era o defensor dos indefesos. Seu ministério mirava pessoas desprezadas, marginalizadas e esquecidas na sociedade: leprosos, cegos, paralíticos, escravos, crianças, mulheres, viúvas, pobres, velhos e velhas (veja o Evangelho de Lucas; João 8:1-11; 17:11-17; 19:26,27).

Acima de tudo, em contraste com Adão, Jesus era protetor da sua Noiva, a Igreja. Adão, culpado, expôs sua esposa, Eva, a uma morte instantânea diante de Deus quando ele a culpou pelo seu pecado. Para salvar sua vida, Adão estava disposto a sacrificar a vida dela. Jesus, porém, era inocente, mas, para salvar sua Noiva, assumiu a culpa dela e se sacrificou na cruz.

A grande pergunta é: Como nós, como homens, podemos reconquistar a verdadeira masculinidade e sermos protetores?

PARA REFLETIR E COMPARTILHAR

Como a ideia de Jesus como Defensor contrasta com muitas imagens dele retratadas na arte e na imaginação popular (pense nas pinturas de Jesus com uma aura ao redor da cabeça, um olhar efeminado etc.).

Qual a diferença entre ser um forte defensor de outros e um machista egoísta?

4. HOMENS REFEITOS À IMAGEM DE JESUS PODEM ASSUMIR SEU PAPEL COMO PROTETORES

Ser homem de verdade significa atuar como os pneus dianteiros do carro, enfrentando os obstáculos, avistando os perigos, sacrificando-se a si mesmo para preservar os pneus traseiros, a esposa e filhos, de situações difíceis, vergonhosas ou complicadas.

> Deus criou o homem para ser protetor. Deu-lhe a capacidade e a inclinação para defender. Ele é o cara que vai lutar contra o inimigo, levar a pior e proteger os que estão sob os seus cuidados. Ele tem a responsabilidade de cuidar do bem-estar de todos e mantê-los em segurança. *Ser protetor está na essência do que significa ser homem.*[53]

Pela graça de Deus, todos que estão *em Cristo* não se acham mais sujeitos à ira de Deus, porque tudo caiu sobre seu Filho Jesus (2Coríntios 5:21; Romanos 8:1). O que foi perdido pelo homem ao cair no pecado pode ser resgatado novamente em Cristo. O Espírito Santo usa a Palavra de Deus para nos refazer à imagem de Deus (Efésios 5:18ss.,;Colossenses 3:16ss.). Cristo Jesus quer viver a vida dele em e através de nós (Gálatas 2:19,20).

Em Cristo, o homem pode outra vez ser um protetor da Palavra de Deus, quando ele fielmente ensina as doutrinas bíblicas à sua esposa (1Coríntios 14:34,35) e a seus filhos (Efésios 6:4; veja Deuteronômio 6:4-9; Salmos 78:1-8). Ele pode ser um protetor da sã doutrina na igreja, quando é "apegado à palavra fiel, que é segundo a doutrina" (Tito 1:9) e alguém que conserva "o mistério da fé com a consciência limpa" (1Timóteo 3:9).

O homem em Cristo também desempenha seu papel como guardião e mordomo no mundo quando é um trabalhador dedicado e fiel, que desenvolve seu serviço com integridade, ética, diligência e honestidade como o próprio Senhor Jesus faria (Colossenses 3:17,23; 1Timóteo 6:1,2).

---

53 Kassian e DeMoss, *Design divino*, p. 51.

Talvez a demonstração mais clara da transformação que Cristo faz na vida do homem se veja na maneira em que ele se relaciona com a esposa. O apóstolo Paulo convoca os homens cristãos a seguir o modelo de Jesus como protetor de sua esposa.

> Assim também os maridos devem amar a sua mulher como ao próprio corpo. Quem ama a esposa a si mesmo se ama. Porque ninguém jamais odiou a própria carne; antes, a alimenta e dela cuida, como também Cristo o faz com a igreja; porque somos membros do seu corpo. Eis por que deixará o homem a seu pai e a sua mãe e se unirá à sua mulher, e se tornarão os dois uma só carne (Efésios 5:28-31).

Pelo menos implicitamente, Paulo contrasta o comportamento do novo homem em Cristo com o velho homem "em Adão". Em vez de expor a esposa para proteger a si mesmo, ele a protege como se fosse seu próprio corpo. Esse "outrocentrismo" é marca evidente de uma transformação sobrenatural em nossa vida, que somente o Espírito de Deus é capaz de produzir (Efésios 5:18).

O texto de Efésios 5:28,29,30,33 ensina que o homem conforme o caráter de Cristo cuida da esposa como cuida do seu próprio corpo. Paulo já fez uma alusão a esse fato na discussão sobre submissão feminina, quando chamou Cristo de "o salvador do corpo" (5:23), como ilustração de como Jesus exercia a função de "cabeça".

No caso do homem, nossa tendência natural é proteger a nós mesmos. Note que em lugar nenhum do texto os homens são exortados a amar a si mesmos. "É um aspecto natural da condição humana amar, nutrir e proteger a si mesmo."[54]

Protegemos nosso corpo. Devemos proteger a esposa. Cuidamos das necessidades e dos desejos do corpo. Devemos cuidar das necessidades e dos desejos da esposa. "O marido que lidera como Cristo toma a iniciativa de cuidar para que as necessidades de sua esposa e filhos sejam

---

54 Hoehner, *Ephesians: An Exegetical Commentary*, p. 765.

atendidas. Ele provê para a família. [...] O marido tem a responsabilidade *principal* de colocar o pão na mesa."[55]

Nessa altura, o apóstolo cita o texto matrimonial clássico, Gênesis 2:24, para justificar a ideia de que marido e mulher se tornam um em múltiplos sentidos. Na sua salvação, o cristão se torna membro do corpo de Cristo (v. 30). No casamento, há uma união metafísica entre homem e mulher que os torna um também.

Primeira Pedro 3:7 acrescenta que o marido cristão deve viver "a vida comum do lar", tratando a esposa como se fosse (e é!) um vaso precioso e frágil. Para isso, é preciso conhecer *bem* a esposa, seus pontos vulneráveis, seus medos e suas preocupações. Tudo isso exige grande sensibilidade.

Deus chama os homens para serem fortes protetores do seu lar, não no sentido "machão" apresentado nas propagandas (homens beberrões, mulherengos, que "peitam" os outros e defendem seus próprios "direitos"). São fortes, mas mansos, que defendem os direitos dos outros antes dos seus, que têm calos nas mãos, mas não no coração.

O homem de verdade cuida da esposa tão bem (ou melhor) do que cuida de si mesmo. Foi isso que Cristo fez.

> Em termos práticos, [o amor do marido] envolve fortes afetos cordiais por ela, deleite e prazer em sua companhia e amizade, respeito e honra dados a ela, em particular e em público. Inclui habitar com ela de forma constante, calma e confortável; buscar o prazer, contentamento e satisfação dela; prover para as suas necessidades, protegê-la das injúrias e abusos, perdoar suas faltas, confortá-la e socorrê-la nas enfermidades, ter sempre a melhor opinião sobre ela e suas atitudes, e esforçar-se para promover o seu bem-estar espiritual e material.[56]

A seguir, apresentamos algumas das múltiplas aplicações de como o homem pode ser o protetor como Cristo.

---

55 Piper, *Casamento temporário*, p. 79, 81.
56 Augustus Nicodemus Lopes, *A Bíblia e sua família*, p. 95.

Proteção espiritual

- Orando junto com sua esposa.
- Encorajando o crescimento espiritual da esposa.
- Compartilhando com ela o que Deus está fazendo na vida dele.
- Dirigindo a família num tempo devocional ("culto doméstico").
- Participando ativamente no discipulado e na disciplina dos filhos.
- Liderando pelo exemplo no envolvimento de cultos e ministérios da igreja.

Proteção emocional

- Defendendo a esposa contra ataques de terceiros, inclusive por membros da sua própria família.
- Não exigindo sacrifícios dela que você não está disposto a fazer.
- Preocupando-se com o bem-estar da esposa.
- Verificando (investigando) causas da sua tristeza.
- Entendendo sua fragilidade emocional maior durante a menstruação ou menopausa.
- Aliviando um pouco do estresse que acompanha sua vida como mãe (ajudando na disciplina e no cuidado das crianças; preocupando-se com a situação de cada filho).
- Sendo paciente com suas lágrimas enquanto realmente tenta compreender o que ela está sentindo (sem necessariamente tentar resolver o problema, resposta normal masculina)

Proteção física

- Verificando que o peso pela provisão da casa recai sobre seus ombros, mesmo que sua esposa trabalhe fora.

- Inteirando-se das dores (grandes e pequenas) que sua esposa enfrenta hoje e fazendo o possível para aliviá-la delas.

- Praticando cortesias culturalmente apropriadas que dizem: "Estou aqui para cuidar de você" (abrir portas, puxar a cadeira para ela se sentar, caminhar juntos estando ele sempre do lado do trânsito, da lama ou do perigo).

- Providenciando para ela o descanso necessário.

- Encorajando-a a procurar um médico quando passa por problemas de saúde.

- Perguntando sobre a saúde dela — e levando a sério o que ela responde.

- Fazendo as tarefas desagradáveis da casa, dentro e fora.

Proteção sexual

- Promovendo o prazer sexual da esposa acima do seu (1Coríntios 7:3,4).

- Deixando de insistir em práticas sexuais nojentas ou desagradáveis para a esposa.

- Fugindo da pornografia e de formas de entretenimento no lar que não agradam a Deus (Salmo 101).

- Sendo fiel à aliança conjugal em palavra, pensamento e prática (1Tessalonicenses 4:3-8).

CONCLUSÃO

O novo homem em Cristo é, por natureza, um protetor daqueles ao seu redor, assim como Cristo. O homem solteiro não se orgulha de deixar as mulheres ao seu redor assumir liderança, ser as primeiras voluntárias e ter de proteger seus colegas. O homem casado não está disposto a simplesmente morrer por sua esposa e pelos filhos, mas a viver para eles também. E, quando há um barulho na sala de estar no meio da noite, ele deve ser o primeiro a pular da cama para investigar.

> **A grande ideia**
>
> *O homem em Cristo é chamado para ser um protetor da Palavra de Deus, da família e das pessoas ao seu redor.*

PARA REFLETIR E COMPARTILHAR

Até que ponto homens (em geral) devem proteger mulheres (em geral)? Quais seriam alguns exemplos disso na sociedade?

Das listas de maneiras pelas quais o marido pode proteger a esposa, qual área é a mais difícil para você? Por quê?

11 | Homens presentes no lar

Alguns anos atrás, um de meus filhos, que é oficial da Força Aérea dos Estados Unidos, foi enviado para passar sete meses a serviço no Kuwait, no Oriente Médio. Ele deixou em casa sua esposa e a filha primogênita de 10 dias de idade. Foi um sacrifício e tanto para Daniel e para sua esposa, Rachel. Mas preciso dizer que fiquei com um orgulho santo (se é que isso existe) ao descobrir que cada dia, por volta das 2 horas da manhã, Daniel acordava e entrava no Skype por quase uma hora para falar com a esposa, saber das notícias e das necessidades da família, orar com ela e fazer um "culto doméstico" com a filha. O esforço foi grande, mas o impacto de ter o marido e o pai presente, mesmo que distante, foi muito maior.

Essa história ilustra mais uma qualidade de caráter de Cristo Jesus, nosso "Emanuel", ou seja, "Deus conosco". Aquele que prometeu que nunca iria nos deixar ou abandonar (Hebreus 13:5,6) tem seu caráter espelhado em homens que não somente *marcam* presença no lar, mas estão efetivamente *presentes,* mesmo quando distantes.

O texto bíblico que mais enfatiza essa qualidade de caráter é 1Pedro 3:7:

> Maridos, vós, igualmente, vivei a vida comum do lar, com discernimento; e, tendo consideração para com a vossa mulher como parte mais frágil, tratai-a com dignidade, porque sois, juntamente, herdeiros da mesma graça de vida, para que não se interrompam as vossas orações.

No contexto de 1Pedro, o autor vem tratando da submissão do cristão às autoridades e do sofrimento que isso pode causar pela causa de Cristo (1Pedro 2). No capítulo 3, ele volta sua atenção à responsabilidade das esposas (v. 1-6) e dos maridos cristãos (v. 7). Eles devem também cumprir seu papel como líderes-servos no lar.

Mesmo se tratando de só um versículo, Pedro lista várias responsabilidades do marido cristão, começando com sua presença efetiva, seguidas por duas razões que motivam esse comportamento.

1. RESPONSABILIDADES DO MARIDO CRISTÃO

Pedro começa destacando as responsabilidades do marido no tratamento da esposa.

A. Presença efetiva no lar: "vivei a vida comum do lar"

A primeira responsabilidade do marido cristão, "viver a vida comum do lar", traduz uma única palavra no texto original, que traz a ideia de "morar juntos". Talvez pareça estranho para nós uma ordem para um casal casado morar junto, mas na cultura da época o homem vivia sua vida "na praça". A esposa muitas vezes era considerada alguém com quem o marido teria filhos, não alguém com quem ele partilhava a vida. Sua vida de conquistas mundo afora incluía concubinas para prazer sexual.

Pedro vai contra a cultura quando pede que o marido conviva efetivamente com sua esposa — não simplesmente marcando presença, mas estando realmente presente em seu lar; não usando o lar como posto de reabastecimento, mas como destino final na jornada da vida.

Embora haja muitas diferenças culturais entre o período em que Pedro escreveu e nossos dias, sua exortação inicial tem implicações importantes ainda hoje, quando é cada vez mais comum o casal casado viver vidas separadas. O pastor Hernandes Dias Lopes comenta: "A vida moderna faz com que duas pessoas possam estar casadas e não ter uma vida em comum".[57]

Como responsável pelo andamento do lar, o marido precisa estar ciente de tudo que se passa debaixo do seu teto. Mesmo que ele delegue muita responsabilidade para sua esposa e até para filhos mais velhos e empregados domésticos, Deus o responsabiliza como governador principal da casa (1Timóteo 3:4,5; Efésios 6:4). Como ele executa tal tarefa pode variar de cultura para cultura, mas, se ele nunca está presente no lar, fica difícil cumprir a ordem.

O problema de muitos homens é que há inúmeras tentações para saírem do lar — tanto física quanto emocional e espiritualmente. Deus fez o homem para trabalhar, mas há limites para o tempo que ele deve gastar no trabalho:

> Se o SENHOR não edificar a casa, em vão trabalham os que a edificam; se o SENHOR não guardar a cidade, em vão vigia a sentinela. Inútil vos será levantar de madrugada, repousar tarde, comer o pão que penosamente granjeastes; aos seus amados ele o dá enquanto dormem (Salmos 127:1,2).

Sabemos que, se alguém não trabalhar, não deve comer (2Tessalonicenses 3:10). Também reconhecemos que cabe ao homem prover às

---

57 Hernandes Dias Lopes, *1Pedro* (São Paulo: Hagnos, 2012), p. 110.

necessidades dos membros da sua família. Caso contrário, seria pior que os ímpios (1Timóteo 5:8). Mas todos precisam estabelecer limites ao trabalho.

Há um grande perigo de cobiça e de ser seduzido pelo sucesso, pelo poder, pelo dinheiro e pela realização profissional, o que *afasta* o homem cada vez mais do lar. Pessoas assim acabam construindo casas e destruindo o lar. Deus chama o homem de volta, não para negar suas responsabilidades de ganhar o pão de cada dia, mas para manter o equilíbrio quanto à sua presença em casa.

É interessante que nossa palavra "casamento" literalmente descreve a ideia de "fazer uma casa juntos", "fazer sua morada" com alguém. "Casamento" é o ato de formar um lar e habitar com o outro na mesma casa! Quando o texto chama o homem para "viver a vida comum" ou "habitar junto com" sua mulher, traz a ideia de ele ser exclusivamente dela, presente em todos os sentidos (emocional, intelectual, social e sexual) e participante das atividades do lar.

Essa ideia de presença e exclusividade também se encontra nas qualificações dos líderes espirituais da família de Deus, a igreja, onde o homem qualificado precisa ser "esposo de *uma* só mulher" (1Timóteo 3:2,12) e supervisionar o que acontece na família. É exigido do homem que "governe bem a própria casa, criando os filhos sob disciplina, com todo o respeito (pois, se alguém não sabe governar a própria casa, como cuidará da igreja de Deus?)" (1Timóteo 3:4,5). A ideia é que sejam homens totalmente devotados, comprometidos, fiéis à *sua* esposa e ativos no dia a dia da família.

Hernandes Dias Lopes observa:

> Na Europa e em outros lugares não há [a instituição da empregada doméstica]. Então, o marido lava louça, varre a casa, lava o banheiro, lava janelas, conserta as coisas em casa, faz comida. Mas, aqui no Brasil, a gente paga uma empregada para fazer isso. Por isso mesmo, essa palavra de Pedro é muito importante para o marido. O marido deve viver a vida comum do lar junto com a esposa. Ele também tem responsabilidade no andamento

da casa. [...] Ele tem que estar presente com sua esposa e deve participar da criação dos seus filhos.[58]

Se você é homem solteiro, como encara essa descrição de tarefas do marido cristão que está presente em todos os sentidos em seu lar? Como você pode se preparar para desempenhar bem essa tarefa, se Deus o encaminhar para o casamento?

Se você é casado, como tem sido seu desempenho como marido e talvez pai em termos de presença na vida da sua família? Quais os maiores obstáculos para você estar mais efetivamente presente?

Você tem equilibrado seu tempo de trabalho com outras responsabilidades, inclusive no lar e na igreja?

Quais seriam algumas maneiras de um homem continuar com uma presença marcante no lar, mesmo que precise viajar e ficar por longos períodos distantes da família?

B. Conhecimento profundo da esposa

A segunda responsabilidade do marido cristão explica o propósito da sua convivência com a esposa: "Vivei a vida comum do lar, *com discernimento*". A palavra "discernimento" é literalmente "conhecimento". A convivência do homem com sua esposa significa fazer parte da vida dela, a ponto de conhecê-la tão bem quanto possível.

Mais uma vez, o Espírito de Deus toca numa área sensível na vida do homem. Em termos gerais, homens não são bons observadores da

---

58 Hernandes Dias Lopes, *Homem de oração*, p. 110-1.

sua esposa. Vivem no mundo deles e muitas vezes têm pouca ideia do que se passa na vida dela — suas dores e preocupações, seus sonhos e desejos.

Uma aplicação interessante desse princípio envolve a vida sexual do casal. Não é por acaso que o eufemismo bíblico que descreve a relação sexual do casal é "conhecer a esposa" (compare com Gênesis 4:1,25, ARC). Em termos gerais, para o homem satisfazer sexualmente sua esposa ele precisa conhecê-la bem, a ponto de estudá-la para saber o que ela gosta e não gosta e se esforçar para atender às suas necessidades e aos seus desejos. Se não conhecer sua esposa, ele vai falhar no cumprimento da ordem bíblica dada por Paulo: "O marido conceda à esposa o que lhe é devido [...]. O marido não tem poder sobre o seu próprio corpo, e sim a mulher" (1Coríntios 7:3a,4b).

O conhecimento da esposa não se reserva somente ao quarto do casal. O marido que participa da vida do lar deve crescer na compreensão da sua esposa o dia todo e todo dia, especialmente nas áreas onde ela tem menos estrutura e força para enfrentar os desafios da vida. Por isso, o texto continua dizendo: "tendo consideração para com a vossa mulher, como parte mais frágil". O texto original junta as ideias de "conhecimento" e "fragilidade" de forma mais clara e deve ser traduzido literalmente por: "vivendo juntos com conhecimento como com um vaso mais frágil feminino".

A fragilidade da esposa não significa que ela é inferior ao marido, como veremos no final do versículo, pois ambos são coerdeiros da graça da vida. O termo "parte mais frágil" já causou muito debate. Alguns o rejeitam, supondo que ele inferioriza a mulher e, assim, viabiliza um machismo opressor. Mas, assim como tudo nesse versículo, Pedro está longe de tratar a mulher com desdém. Tudo no texto aponta para a dignidade, preciosidade e honra da mulher.

Tais palavras parecem entender melhor a frase como descrevendo a mulher como um vaso ornamental, delicado, precioso, de grande valor e que deve ser protegido a qualquer custo. Essa ideia corresponde bem à cláusula seguinte, que diz que a mulher deve ser honrada e tratada com dignidade.

Contudo, em que sentido a mulher é mais "frágil" ou "fraca" (um dos significados do termo original)? Certamente não se refere à capacidade de suportar dor — em termos gerais, as mulheres muitas vezes têm uma tolerância à dor bem maior que os homens. Também não indica fraqueza intelectual — as mulheres têm a mesma capacidade mental que os homens.

"Vaso mais frágil" pode significar que a mulher é mais suscetível à tentação, uma ideia que encontra respaldo no relato da tentação de Eva (Gênesis 3:1-6) e nos comentários feitos no Novo Testamento sobre o mesmo evento (1Timóteo 2:14). Nesse sentido, a mulher deveria ser liderada espiritualmente pelo homem, que tem a responsabilidade de santificá-la, "por meio da lavagem de água pela palavra" (Efésios 5:26).

Pedro também pode estar se referindo a uma fragilidade emocional maior (mesmo havendo inúmeras exceções). Nesse sentido, o homem tem a responsabilidade de cuidar dela e protegê-la, na medida do possível, de estresse excessivo, de fardos emocionais além da sua capacidade de suportar, de tristeza e desânimo. Como alguém certa vez disse: "Uma esposa triste é a maior vergonha para seu marido".

Contudo, o significado mais provável para "vaso mais frágil" nesse texto é uma fragilidade física. Mais uma vez, há exceções à regra, mas biologicamente a mulher normalmente não tem a estrutura muscular nem a resistência que o homem tem. Por isso, Pedro exige que as mulheres sejam protegidas pelos homens como forma de honrá-las.

Resumindo, em termos práticos, Pedro exige que os maridos cristãos protejam sua esposa espiritual, emocional e fisicamente. Paulo ecoa a mesma ideia em Efésios 5:28-30:

> Assim também os maridos devem amar a sua mulher como ao próprio corpo. Quem ama a sua esposa a si mesmo se ama. Porque ninguém jamais odiou a própria carne; antes, a alimenta e dela cuida, como também Cristo o faz com a igreja; porque somos membros do seu corpo.

Kassian e DeMoss observam: "Deus espera que os homens tratem as mulheres como se elas fossem um cristal finíssimo, e não um pneu de trator!".[59]

> **Para Refletir e Compartilhar**
>
> Como o homem cristão pode conhecer melhor sua esposa?
>
> Cite maneiras pelas quais os homens em geral podem tratar as mulheres ao seu redor com mais respeito e gentileza. Como o homem pode ser cavalheiro, sem ofender mulheres desnecessariamente?

C. Honra pública e particular

A terceira responsabilidade do marido cristão realmente presente em seu lar exige não somente que ele *sinta* respeito pela esposa, mas que ele *mostre* respeito e honra.

A frase traduzida por "tratai-a com dignidade" reflete duas palavras no texto original que têm a ideia de atribuir honra. A palavra "dignidade" é uma palavra comum para se referir à honra que é devida. O verbo "tratai-a" representa uma palavra que foi usada somente aqui no Novo Testamento e traz a ideia de "atribuir, demonstrar ou revelar" honra — algo mais profundo do que simplesmente "sentir respeito". O homem *atribui* honra à esposa e *mostra* que ele a considera digna de todo o respeito. Isso lembra o marido da mulher virtuosa de Provérbios 31, que honra sua esposa, dizendo:

> Muitas mulheres procedem virtuosamente, mas tu a todas sobrepujas. Enganosa é a graça, e vã, a formosura, mas a mulher

---

59 Kassian e DeMoss, *Design divino*, p. 71.

que teme ao SENHOR, essa será louvada. Dai-lhe do fruto das suas mãos, e de público a louvarão as suas obras (Provérbios 31:29-31).

Como o marido pode demonstrar honra à esposa? Não é necessário fazer um "show", especialmente quando a mulher não gosta de manifestações públicas de carinho. Mas existem maneiras criativas, públicas e particulares, que deixam claro quanto o marido estima sua esposa:[60]

- Falando bem dela para seus amigos, pais, filhos e parentes.
- Agradecendo a ela pública e particularmente pelos sacrifícios que faz pelo bem do lar e da família.
- Surpreendendo-a ocasionalmente com pequenos gestos, presentes e paparicos.
- Nunca criticando-a ou envergonhando-a diante de outras pessoas.
- Ouvindo e respeitando suas opiniões e seus palpites antes de tomar decisões.
- Envolvendo-a em sua vida, nas preocupações, nas alegrias, nos sonhos e nos fracassos.

PARA REFLETIR E COMPARTILHAR

Como o homem cristão pode dar mais honra à sua esposa?

Como encorajar os filhos a fazerem o mesmo?

---

60 Para mais ideias, o leitor pode consultar os dois livros do autor *101 ideias de como paparicar sua esposa* (São Paulo: Hagnos, 2010) e *101 ideias de como paparicar seu marido* (São Paulo: Hagnos, 2010).

2. RAZÕES PELAS ORDENS

Esse breve versículo ainda conclui citando duas razões pelas quais o marido cristão deve manter uma presença efetiva no lar, conhecer profundamente sua esposa e honrá-la pública e particularmente:

- Ela é, com ele, herdeira "da mesma graça de vida".
- "Para que não se interrompam as vossas orações".

A. Herdeiros da mesma graça de vida

Pedro contrabalança a ideia da fragilidade estrutural da mulher com o fato de que ela e o homem são herdeiros da mesma graça de vida. Ou seja, são iguais em termos do seu *status* diante de Deus, mesmo havendo diferenças essenciais e funcionais entre eles. Então, longe de sugerir qualquer inferioridade da mulher, Pedro a coloca no mesmo patamar espiritual do homem. Ambos são imagem de Deus. Ambos (no caso de casais cristãos) têm o mesmo destino. São "diferentes no fazer, mas iguais no ser".

"Herdeiros da mesma graça de vida" pode significar: 1) que gozam de vida juntos na terra; ou, mais provavelmente, 2) que possuem, juntos, vida eterna, que é a "graça de vida". Em ambos os casos, os homens devem tratar sua esposa graciosa e respeitosamente, como parceira e igual diante de Deus.

B. Orações não interrompidas

A segunda razão pelo tratamento digno da esposa levanta mais dúvidas de interpretação. A cláusula "para que não se interrompam as vossas orações" sugere que, de alguma forma, Deus não atenderá à súplica do marido insensível e desrespeitoso em relação à sua esposa. Há duas possibilidades principais para o significado da frase, mas a primeira parece ser mais provável nesse texto, embora a segunda reflita uma realidade triste também:

1. As orações do marido serão impedidas ou "cortadas": Deus não dará atenção à súplica do homem que não dá atenção à sua esposa.
   Uma simples ilustração deixa isso mais claro. Se eu sei que um dos meus genros está maltratando minha filha "princesa" e, mesmo assim, ele vem me pedir um empréstimo ou outro favor, há pouca (ou nenhuma) possibilidade de que eu vá atendê-lo. Da mesma forma, se trato mal a filha do Rei, a princesa que Ele me concedeu, Deus não vai querer ouvir minha voz pedindo outros favores.

2. O texto pode ensinar que as orações do *casal como casal* serão impedidas por causa do comportamento insensível do marido. Um homem insensível à esposa terá muita dificuldade em orar com ela, a não ser que seja "cara de pau" mesmo. A oração conjugal exige um nível profundo de intimidade, transparência e sensibilidade. Maridos insensíveis dificilmente terão coragem para orar com sua esposa.

David Prior comenta:

> Os casais geralmente consideram a oração conjunta como a parte mais difícil de todo o seu relacionamento [...]. É particularmente o marido que encontra maiores problemas em se submeter a orar junto com a esposa. Os motivos disso não são óbvios, mas provavelmente estão ligados ao imenso orgulho natural do homem em não desejar revelar perante a esposa qualquer falta de autoconfiança, e a oração expressa, por excelência, a dependência de Alguém maior e mais forte.[61]

CONCLUSÃO

A maneira de o homem cristão tratar sua esposa revela muito sobre seu coração submisso ao Cristo ressurreto. Sua disposição em servir à família pela sua presença integral, pelo conhecimento profundo e pela honra à

---

61 Prior, *A mensagem de 1 Coríntios*, p. 126.

esposa fará que ele e a esposa se tornem verdadeiros companheiros na jornada da vida, com suas orações alegremente atendidas por Deus.

Nos dias em que vivemos, com tantas ferramentas tecnológicas disponíveis, não há desculpas para o marido estar ausente do lar. Todavia, quando precisa passar períodos longos distante dos seus, pela graça de Deus é possível ainda assim ser um marido presente.

Ao mesmo tempo, os homens presentes em corpo, mas distantes em todos os outros sentidos, precisam rever suas prioridades e voltar a viver "a vida comum do lar". O homem que se parece com Emanuel, o "Deus conosco", também compartilha a vida com sua família.

A grande ideia

O marido deve manter uma presença ativa no lar enquanto graciosa e respeitosamente cuida da esposa e dos filhos.

PARA REFLETIR E COMPARTILHAR

Qual a diferença entre "marcar presença" e "estar presente" no contexto do lar? Como o marido cristão pode ser mais efetivamente presente no dia a dia de sua família?

Em quais sentidos mulheres são vasos mais frágeis que os homens? Essa é uma observação genérica ou absoluta (que admite exceções)?

Por que parece ser tão difícil para a maioria dos maridos cristãos orar com a esposa? Se é casado, você faz isso? Se está namorando, você toma a iniciativa de orar com a namorada? Você é o líder espiritual no relacionamento?

12 | Homens líderes-servos

NUMA VISITA A UM país africano, entrevistamos alguns homens sobre a cultura deles e como as decisões eram tomadas no lar, especialmente quando havia um embate entre o marido e a esposa. A resposta deles era simples. Para resolver a disputa, o marido simplesmente batia na mesa e gritava: "Eu sou o homem!". E ponto final.

No filme clássico *Um violinista no telhado*, percebemos a mesma perspectiva sobre liderança quando o pai da família, Reb Tevye, resolve desafios à sua autoridade também batendo na mesa e gritando: "Sou o papai!".

Muitos homens brasileiros provavelmente concordariam, mesmo que não batendo na mesa e gritando. Mas suas atitudes demonstram que, na ausência de razão na tomada de decisões, o mero fato de ter cromossomos "Y" justificaria sua posição de ditadores absolutos.

O padrão bíblico de liderança aponta numa direção diferente. Líderes conforme Jesus não decretam decisões unilaterais como déspotas egoístas, mas agem como servos, visando ao bem-estar de todos. Claro, existem momentos na vida em que alguém tem que tomar uma decisão, e, nessas ocasiões, o peso da responsabilidade recai sobre os ombros do homem. Mas esses momentos tendem a ser mais raros do que a maioria dos homens imagina.

Ser homens segundo o coração de Deus requer que eles assumam sua responsabilidade como líderes. Não significa ser machistas ou tratar mulheres com desdém. Muito pelo contrário. Hombridade bíblica exige o modelo de liderança de servo.

Infelizmente, enquanto alguns homens gostam de projetar uma imagem de liderança forte, muitas vezes estão se protegendo de inseguranças, medos e falta de confiança. Em vez de liderar sua família, eles se negam a assumir responsabilidade, renegam sua autoridade e são passivos em vez de ativos (leia-se intencionais) na direção do lar. É bom ficar sensível à voz de Deus para não tentar "tomar a frente" de Deus. Mas, se Deus já indicou a direção, então passividade se iguala a desobediência. Deus já chamou homens para serem os líderes do lar e da igreja!

Ao mesmo tempo, temos que entender a liderança biblicamente. Deus não chama homens para serem tiranos, mas servos amorosos, sempre prontos para defender sua família e servir a ela, ensinando-lhe a Palavra de Deus, guiando-a e se sacrificando pelo bem-estar de outros. Que contraste com o retrato do "machão" que só leva vantagem, só pensa em si mesmo e em defender seus próprios direitos!

A seguir, vamos estabelecer biblicamente o fato de que: 1) Deus fez o homem para liderar e 2) ser um líder significa servir aos liderados.

1. HOMENS COMO LÍDERES

A criação do homem à imagem de Deus designou o homem como líder no mundo, mas especialmente no lar e na igreja. O plano de Deus em Gênesis claramente demonstra essa responsabilidade do homem. Contudo, liderança não significa ditadura, opressão ou abuso de poder, mas serviço humilde, amor sacrificial e exemplo. Podemos resumir dizendo que "o homem (líder) que não serve, não serve".

A. Liderança masculina no mundo

Existem muitas evidências em Gênesis (e outros textos bíblicos que citam Gênesis) que mostram que Deus fez o homem para liderar:

1. Adão foi feito primeiro (Gênesis 1:27; 2:7,15-23; cp. 1Timóteo 2:13).

2. A mulher (Eva) foi feita para o homem (Gênesis 2:18,20-23; cp. 1Coríntios 11:9).

3. A raça humana é chamada pelo nome do homem (Gênesis 5:2), assim como cada membro da Trindade é conhecido como "Deus", o nome do "Líder", Deus Pai.

4. Adão deu nome à mulher (duas vezes), exercendo assim liderança (autoridade) sobre ela (2:20,23, 3:20).

5. Deus culpou o homem (Romanos 5:12,17-21) em primeiro lugar e o responsabiliza pela entrada do pecado na raça humana (Gênesis 3:9: "E chamou o SENHOR Deus *ao homem* e lhe perguntou: Onde estás?"). (O fato de que Satanás abordou Eva, não o homem, na tentação no Jardim parece ter sido uma primeira tentativa de subverter a ordem bíblica de liderança masculina no lar.)

6. A consequência do pecado foi uma inversão do ideal bíblico para papéis do homem e da mulher: "O teu desejo [mulher] será contra teu marido, e ele te oprimirá" (Gênesis 3:16b, tradução do autor). A partir daquele momento, a mulher tentaria subjugar o homem (em vez de ser sua auxiliadora idônea), e o homem dominaria a mulher (em vez de liderar e protegê-la) (Gênesis 3:16; 4:7).

7. Deus repreendeu o homem em dois níveis ou em duas esferas de responsabilidade:

    a. Pelo abandono da liderança ("visto que atendeste a voz de tua mulher...", Gênesis 3:17a).

b. Pela desobediência ("e comeste da árvore que eu te ordenara não comesses", Gênesis 3:17b).
8. Deus anunciou a morte de *Adão* (o homem) como cabeça da raça (veja Efésios 5:23; 1Coríntios 11:3) sem mencionar a mulher. (Segue-se, logicamente, que a mulher, como "membro" do corpo, também morreria, mas o foco está no homem como líder e representante da raça, Gênesis 3:19; veja Gênesis 2:17 e o plural "morrerás".)

Diante dessas evidências, que revelam o plano perfeito de Deus para a raça humana, compreendemos melhor por que Satanás faz de tudo para subverter a ordem bíblica, estabelecida como reflexo da própria imagem do Deus Triúno. As tentativas de minar os papéis de homem e mulher, especialmente no lar e na igreja, visam confundir o reflexo da hierarquia funcional da própria Trindade (1Coríntios 11:3).

B. Liderança masculina no lar

Além dos argumentos de Gênesis citados anteriormente que se referem ao lar, podemos citar outras evidências de que Deus fez o homem como o líder da família.

No Salmo 128, percebemos como a liderança do homem que teme a Deus influencia e abençoa a esposa, os filhos e os netos. O marido da mulher virtuosa a abençoa e lidera os filhos em elogiar a mãe deles (Provérbios 31:28-31).

No Novo Testamento, quatro textos estabelecem uma hierarquia funcional em que a esposa se submete ao seu marido (Efésios 5:22-24; Colossenses 3:18; Tito 2:3-5; 1Pedro 3:1-6). O pai tem a responsabilidade primordial de supervisionar a criação dos filhos na disciplina e admoestação do Senhor (Efésios 6:4). Finalmente, uma das características do líder espiritual qualificado para supervisionar a igreja, família de Deus, é que ele "governe bem a própria casa" (1Timóteo 3:4). Mesmo que muitas tarefas do lar sejam delegadas à sua esposa, no fim, o homem prestará contas diante de Deus pela liderança de sua família.

C. Liderança masculina na igreja

Embora um assunto muito polêmico em nossos dias, a ênfase das Escrituras é sobre liderança masculina no contexto da igreja local. Mesmo aqueles que defendem a atuação feminina em posições de autoridade e liderança eclesiástica têm de admitir que o precedente e o ensino bíblico indicam fortemente homens para tomar a frente da igreja.

Quase todos os argumentos a favor de liderança feminina sugerem que as limitações da liderança eclesiástica nos tempos bíblicos foram uma acomodação à cultura da época e que em nossos dias mais "iluminados" essas restrições de atuação feminina não se aplicam mais.

O problema com esse tipo de argumentação é que ele mina a autoridade bíblica e seu direito de ditar qualquer área da nossa vida. Posso categorizar como "cultural" qualquer ordem ou proibição das Escrituras que vá contra o espírito da época. Outro problema é o fato de que as razões citadas no texto bíblico contra a liderança feminina e a favor de uma direção masculina na igreja são supraculturais, ou seja, acima de cultura e fatores contextuais. Além disso, sabemos que Jesus, Paulo, Pedro e os outros autores bíblicos nunca hesitaram em confrontar e condenar pecados culturais, quando necessário.

Infelizmente, nas igrejas de hoje, muito mudou. Em algumas igrejas, é difícil encontrar homens na liderança. Em outras, é difícil achar homens na igreja.

Antes de culparmos as mulheres por terem entrado na brecha, cabe perguntarmos a nós mesmos se grande peso da responsabilidade pela ausência de homens na liderança não se deve ao comodismo do nosso coração.

Um dos argumentos mais fortes pela liderança masculina na igreja é a liderança masculina na família, como acabamos de ver. A igreja é a família de Deus (veja 1Timóteo 3:14,15). Deus quer levantar homens para liderarem a igreja, que é sua família, assim como Ele chama homens para assumirem a liderança do lar. Ele usa a liderança do homem no lar para dar credibilidade à liderança do povo de Deus (1Timóteo 3:4,5).

A seguir, alguns argumentos que sugerem a importância de ter homens em posições de supervisão eclesiástica:

1. **O precedente bíblico do Antigo Testamento foi liderança masculina da comunidade de fé.**

Os grandes líderes do povo de Deus eram homens: Adão, Enoque, Noé, Abraão, Isaque, Jacó, José, Moisés, Josué, Samuel, Davi, Salomão etc. Exceções, por exemplo no período dos Juízes, foram notadas como tais e como causa de vergonha de homens omissos (cp. Débora e Baraque, Juízes 4; 5).

O sacerdócio levítico foi reservado para homens; os profetas também eram homens, embora houvesse exceções (Débora, Juízes 4).

2. **O exemplo de Jesus e dos discípulos foi de liderança espiritual masculina, mesmo que Jesus tenha mostrado o grande valor de mulheres em seu ministério.**
3. **O modelo da igreja local em Atos é de liderança masculina (Atos 6:1-4; 10).**
4. **As Epístolas ensinam uma liderança masculina da igreja local (1Timóteo 2:11-15; compare com 1Coríntios 11:5; 14:32-35).**

Paulo citou duas razões por que *não autorizou liderança feminina eclesiástica* em 1Timóteo 2:11-15. A primeira razão vem *antes* da queda, ou seja (Adão foi formado antes da mulher, v. 13), e a segunda, com base na queda (a mulher foi enganada, não o homem, v. 14). Nenhuma das duas razões é "cultural".

Nas qualificações para a liderança espiritual da igreja, a expressão "esposo de uma só mulher" se destaca (1Timóteo 3:1,2,4,5; cp. Tito 1:6). Além disso, ao designar o padrão de sucessão ministerial, Paulo exigiu que Timóteo investisse em *homens* fiéis e idôneos (2Timóteo 2:2).

Devemos entender que o fato de que *homens* são designados para a liderança espiritual da igreja *não* significa que as mulheres não têm ministério. Paulo não delegou nenhum ministério pastoral a Tito junto com as moças da igreja, mas reservou esse ministério para as senhoras (Tito 2:3-5). O texto de 1Timóteo 2:15 esclarece que as mulheres também têm um ministério de grande impacto na educação de filhos e no treinamento da próxima geração de líderes, além de vários outros ministérios, inclusive de liderança de outras mulheres.

Tendo estabelecido o padrão bíblico de liderança masculina no mundo, no lar e na igreja, precisamos esclarecer o que significa ser um líder como Jesus.

> **Para Refletir e Compartilhar**
>
> Como você reage diante da afirmação de que Deus fez homens para serem líderes? Quais os perigos disso?
>
> Em sua opinião e à luz dos argumentos apresentados, por que parece haver tanto esforço hoje no mundo para minar a ideia de liderança masculina?

2. LÍDERES COMO SERVOS

Uma coisa é enfatizar liderança masculina; outra, é definir como funciona essa liderança. Para muitos, ser líder é mandar nos outros, levar vantagem, ser servido por todos que ficam "debaixo" da sua liderança. Mas a liderança do homem de Deus segue o modelo de Jesus. Entre muitas características dessa liderança, podemos destacar uma que já serve como desafio enorme para qualquer homem que leva a sério o desafio de liderar como Jesus. O líder é um servo.

Liderança bíblica apresenta-se como uma pirâmide invertida, em que o líder, em vez de ficar "lá em cima" sendo suprido e servido por todos abaixo dele, fica na ponta da pirâmide invertida. Sua responsabilidade é garantir o bem-estar de todos sob sua liderança, servindo-lhes sempre, e sempre à procura do bem-estar dos liderados.

O estilo de liderança que Jesus exemplificou ensina que o privilégio do líder é a oportunidade e a responsabilidade de *servir* a todos os seus liderados. Em vez de *ser servido* por todos "debaixo" dele (Pirâmide 1), o líder conforme o coração de Deus tem o privilégio de *servir* a todos que Deus coloca "acima" dele (Pirâmide 2). Quanto mais alto alguém sobe na liderança, a mais pessoas tem o privilégio de servir.

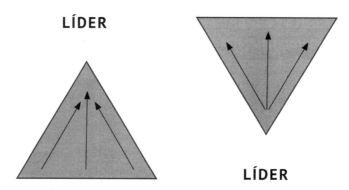

Alguns textos bíblicos clássicos ilustram essa verdade na vida de Jesus. Leia cada um para ver essa ênfase em homens como líderes-servos, ressaltando a ideia de que "o líder que não serve, não serve".

Mas Jesus, chamando-os [discípulos] para junto de si, disse-lhes: Sabeis que os que são considerados governadores dos povos têm-nos sob seu domínio, e sobre eles os seus maiorais exercem autoridade. Mas entre vós não é assim; pelo contrário, quem quiser tornar-se grande entre vós, será esse o que vos sirva; e quem quiser ser o primeiro entre vós será servo de todos. Pois o próprio Filho do Homem não veio para ser servido, mas para servir e dar a sua vida em resgate por muitos (Marcos 10:42-45).

[Jesus] levantou-se da ceia, tirou a vestimenta de cima e, tomando uma toalha, cingiu-se com ela. Depois, deitou água na bacia e passou a lavar os pés dos discípulos e a enxugar-lhos com a toalha com que estava cingido. [...]

Depois de lhes ter lavado os pés, tomou as vestes e, voltando à mesa, perguntou-lhes: Compreendeis o que vos fiz? Vós me chamais o Mestre e o Senhor e dizeis bem; porque eu o sou. Ora, se eu, sendo o Senhor e o Mestre, vos lavei os pés, também vós deveis lavar os pés uns dos outros. Porque eu vos dei o exemplo, para que, como eu vos fiz, façais vós também (João 13:4,5,12-15).

Tende em vós o mesmo sentimento que houve também em Cristo Jesus, pois ele, subsistindo em forma de Deus, não julgou como usurpação o ser igual a Deus; antes, a si mesmo se esvaziou, assumindo a forma de servo, tornando-se em semelhança de homens; e, reconhecido em figura humana, a si mesmo se humilhou, tornando-se obediente até à morte e morte de cruz (Filipenses 2:5-8).

Rogo, pois, aos presbíteros que há entre vós, eu, presbítero como eles, e testemunha dos sofrimentos de Cristo, e ainda coparticipante da glória que há de ser revelada: pastoreai o rebanho de Deus que há entre vós, não por constrangimento, mas espontaneamente, como Deus quer; nem por sórdida ganância, mas de boa vontade; nem como dominadores dos que vos foram confiados, antes, tornando-vos modelos do rebanho (1Pedro 5:1-3).

Augustus Nicodemus Lopes comenta:

> Os maridos têm a tendência de fazer o oposto de Cristo; querem ser servidos em vez de servir; querem que a esposa faça tudo o que eles mandam e que viva para seu conforto, seu lazer. Colocamos sobre ela a responsabilidade de cuidar de nós, nos dar entretenimento, prazer e conforto. E o pior é que usamos a Bíblia para nos justificar. [...] Ao fim, vemos a esposa mais como uma empregada do que como nossa companheira.[62]

Homens que se parecem com Cristo são líderes-servos. O líder que não serve, não serve. O homem que não lidera para servir, não serve para liderar.

EXEMPLOS PRÁTICOS DA VIDA DE JESUS EM NÓS (MARCOS 10:45; FILIPENSES 2:5-8)

Como homens cristãos, podemos até concordar com esse estilo de liderança de servo conforme Jesus. Mas, como se costuma dizer, na prática a teoria é outra. Para facilitar a aplicação prática do modelo do líder-servo, vamos listar algumas maneiras pelas quais homens líderes podem

---

62 Augustus Nicodemus Lopes, *A Bíblia e sua família*, p. 85.

demonstrar o outrocentrismo de servo que Jesus exemplificou. Essa não pretende ser uma lista legalista; cada homem e cada situação de vida são particulares. Mas essas sugestões podem nos ajudar a pensar: "Em meu lugar, o que faria Jesus...?". A preciosidade do outro que norteava a vida de Cristo faz que homens de verdade sirvam à sua família e às pessoas ao seu redor de forma prática.

Como sempre, reconhecemos que em nós mesmos não poderemos viver essa vida outrocêntrica de Jesus. Como ele mesmo disse em João 15:5: "Sem mim nada podeis fazer".

EM CASA

- Trocar o papel higiênico quando acaba.
- Substituir água, leite ou suco na geladeira em vez de guardar a jarra com quase nada sobrando.
- Tirar a mesa e/ou lavar a louça.
- Guardar as roupas sujas em lugar que não seja o chão.
- Buscar pão e leite ou fazer as compras no supermercado.
- Levar o lixo para fora.
- Limpar o depósito/garagem/armário.
- Limpar a pia depois de fazer a barba.
- Trocar lâmpadas, consertar coisas na casa.
- Varrer o chão ou passar aspirador na casa.
- Arrumar a cama.

COM A ESPOSA

- Ajudar a pôr as crianças para dormir e/ou levantar para cuidar de uma criança no meio da noite.
- Encher o tanque do carro para que a esposa não tenha que fazê-lo.
- Fazer massagens sem nenhuma expectativa de favores em troca.

- Sugerir uma visita à casa dos seus sogros.
- Avisar quando for chegar atrasado.
- Fazer coisas pequenas que expressam amor (flores, cartões, chocolate, atos de serviço, jantar fora).
- Tratar o "ronco".
- Não enviar sua esposa para fazer compras em lojas/oficinas onde ela se sente desconfortável.
- Ter disposição de perguntar: "Em que posso ajudar?", em vez de servir "como *eu* quero".
- *Ouvir* sobre coisas que interessam só à mulher.

NA FAMÍLIA

- Abrir mão do controle remoto ou do *seu* programa predileto em favor do programa deles.
- Deixar outra pessoa entrar no banheiro antes de você.
- Não tomar banhos muito demorados quando outros esperam.
- Perguntar a membros da família como *realmente eles estão* antes de reclamar sobre suas dores e seus problemas.
- Deixar a melhor poltrona para outra pessoa usar.
- Lembrar aniversários e outras datas especiais.
- Deixar o maior/melhor pedaço da sobremesa para outra pessoa comer.

NA IGREJA

- Esperar para ficar no *final* da fila para o almoço/lanche no final do culto em vez de correr para a frente.
- Obedecer às diretrizes de quem trabalha no estacionamento ou na recepção.

- Pegar lixo no chão do banheiro e/ou compactar o que está saindo da cesta; se errar a cesta, catar seu próprio lixo.
- Cumprimentar visitantes e pessoas desconhecidas em vez de ficar só com amigos.
- Vigiar o comportamento dos filhos para não prejudicarem outras pessoas que estão tentando prestar culto.
- Chegar no horário para não atrapalhar o andamento do culto.
- Evitar muita conversa, agitação ou distração durante o culto.

NA SOCIEDADE

- Deixar o outro motorista entrar na pista sem reclamar (dirigir como cristão!).
- Jogar lixo na lixeira e catar lixo, quando apropriado.
- Devolver o carrinho do supermercado para um lugar seguro.
- Não furar fila ou permitir que outros furem.

CONCLUSÃO

Pelo fato de que a imagem de Deus no homem foi corrompida e contaminada no primeiro Adão, o Filho de Deus se fez homem (o Novo e Último Adão) e nos mostrou o caminho de volta para Deus (João 1:14). Em Cristo, somos refeitos à imagem dele (2Coríntios 5:17,21), chamados para andar em novidade de vida (Romanos 6:4, Colossenses 2:6), uma vida vivida *por* Cristo em e através de nós (Gálatas 2:20).

Deus fez homens como líderes, mas líderes conforme o modelo de Cristo. A vida de Cristo é uma vida "outrocêntrica", vivida para servir àqueles ao nosso redor. O Espírito de Deus usa a Palavra de Deus para reverter o egocentrismo natural do homem a fim de que ele seja novamente um líder-servo. Deus há de completar essa obra incrível, e um dia seremos na prática o que já somos em posição (Filipenses 1:6; Romanos 8:29; 1João 3:1,2).

Não é batendo na mesa e gritando "Eu sou o homem!" ou "Eu sou o papai!" que exercemos nossa autoridade. Lideramos como servos. O líder que não serve, não serve.

> **A grande ideia**
>
> *O líder que não serve, não serve.*

Para Refletir e Compartilhar

Como a ideia de uma pirâmide invertida transforma radicalmente a maneira pela qual encaramos liderança em todas as esferas (no lar, na igreja, na política)?

Das listas de aplicações práticas em que o homem pode servir a outros como líder, quais são as mais difíceis para você? Poderia escolher três itens das listas para implementar nesta semana?

Como a ideia de que o líder é, acima de tudo, um servo pode transformar sua liderança nas esferas onde atua?

13 | Homens trabalhadores

Ela não aguentou mais. A esposa, em lágrimas, informou ao marido que iria se separar dele, levando seu filhinho de 2 anos junto com ela. A razão principal? Ele se recusava a trabalhar para sustentar a família.

Nada justificava a atitude dela. Mas, durante anos, ele havia insistido em que ela trabalhasse fora enquanto ele cuidava da casa e tentava divulgar um "ministério" na internet. Só que, cada vez que olhava o que ele fazia, ela o encontrava jogando conversa fora nas mídias sociais, discutindo assuntos (e ofendendo pessoas) em plataformas virtuais. O filho passava o dia na creche, ela chegava exausta no final do dia e ainda precisava cuidar do filho e de toda a arrumação do lar.

Em sua defesa, o marido alegava discordar das perspectivas "tradicionais", em que os homens são provedores e as mulheres são donas de casa. "Afinal de contas, Jesus foi sustentado por mulheres!" Ao mesmo tempo, ele insistia em submissão e obediência total por parte dela. Ou seja, "tome seu bolo e coma também". Atitudes extremamente cômodas para ele, que vivia a vida boa, mas que acabaram culminando na perda de sua família.

Infelizmente, temos encontrado novas gerações de homens acomodados e preguiçosos, que passam mais tempo jogando *video games* e assistindo à Netflix do que trabalhando e servindo à sua família e à sua igreja. Parece que uma anestesia geral foi aplicada em uma geração inteira, entorpecendo os sentidos e castrando homens que se tornam insensíveis e ignorantes da realidade ao seu redor.

O último aspecto da conduta de um homem que se parece com Cristo envolve o mandato que Deus lhe deu como *trabalhador*. Deus fez o homem para trabalhar. Trabalho não é o resultado de o homem ter caído no pecado. Muito pelo contrário! Foi uma das primeiras e principais formas pelas quais o ser humano iria glorificar a Deus como reflexo da imagem dele. Deus trabalhou (na criação e na sustentação do universo), e nós, como sua imagem, trabalhamos também.

Infelizmente, embora gastemos boa parte da nossa vida trabalhando, poucos têm desenvolvido uma perspectiva saudável e equilibrada sobre seu trabalho baseada na Palavra de Deus. Neste breve estudo, apresentaremos um panorama bíblico sobre o que podemos descobrir a respeito do homem e de seu trabalho:

- Na criação, onde vemos o trabalho como reflexo da imagem de Deus no ser humano.
- Na queda, onde descobrimos o impacto do pecado no cumprimento desse mandato para trabalhar.
- Em Cristo, nosso modelo de trabalho, que nos resgata e restaura como trabalhadores fiéis para a glória dele.

1. NO PRINCÍPIO: TRABALHO ANTES DA QUEDA

Como já vimos, quando estudamos o papel do homem como protetor, desde o início Deus encarregou o homem da responsabilidade de ser seu vice-regente ou governador da terra. Um aspecto principal da imagem de Deus refletido no homem é sua responsabilidade como trabalhador e mordomo da criação e guardião do Jardim, da Palavra de Deus e da sua família. Note como o "dominar" e "sujeitar" refletem a imagem de Deus em Gênesis 1:26-28:

> Também disse Deus: Façamos o homem à nossa imagem, conforme a nossa semelhança; tenha ele domínio sobre os peixes do mar, sobre as aves dos céus, sobre os animais domésticos, sobre toda a terra e sobre todos os répteis que rastejam pela terra. Criou Deus, pois, o homem à sua imagem, à imagem de Deus o criou; homem e mulher os criou. E Deus os abençoou e lhes disse: Sede fecundos, multiplicai-vos, enchei a terra e sujeitai-a; dominai sobre os peixes do mar, sobre as aves dos céus e sobre todo animal que rasteja pela terra.

Em Gênesis 2, Deus esclarece a natureza da tarefa do homem: "Tomou, pois, o SENHOR Deus ao homem e o colocou no jardim do Éden *para o cultivar e o guardar*" (Gênesis 2:15).

Juntando os dois textos, descobrimos várias responsabilidades relacionadas ao trabalho que o homem recebeu como mandato de Deus e reflexo de sua imagem:

a. Dominar a terra
   (Gênesis 1:26,28)

b. Encher a terra (ser fecundo, multiplicar)
   (Gênesis 1:28)

c. Subjugar a terra
   (Gênesis 1:28)

d. Cultivar (servir/trabalhar) o Jardim
   (Gênesis 2:15-17)

e. Guardar o Jardim
   (Gênesis 2:15-17)

Note que o trabalho de Deus ao criar o mundo envolvia *encher* e *dar forma* ao que estava *sem forma* e *vazio*, conforme a tabela que segue:

DAR FORMA	ENCHER
Dia 1 Luz e trevas	**Dia 4** Luminárias para dia e noite
Dia 2 Mar e céus	**Dia 5** Criaturas para mar e céus
Dia 3 Terra fértil	**Dia 6** Criaturas para a terra fértil
Dia 7 DESCANSO: Era muito bom!	

A mordomia da terra designada ao homem como imagem de Deus parece refletir essas mesmas ideias.

Deus, como Criador, é o dono de toda a terra (Salmos 24:1). Mas, como dono, Ele tem o direito de delegar autoridade e liderança a quem quiser. Deus fez o homem para ser esse governador, ou seja, o homem recebeu uma procuração divina para trabalhar em nome de Deus na terra, continuando a obra dele de organizar e encher o mundo. Até o descanso de Deus estabelece um padrão de seis dias de serviço e um dia de reflexão e adoração.

Deus fez o homem para governar aqui na terra. Cuidar da criação. Protegê-la. Descobri-la. Nomeá-la e classificá-la. Fazê-la brotar e frutificar, maximizando todo o seu potencial. Fazer que toda a criação produzisse conforme o potencial com que Deus a investiu. Imagine como teria sido o mundo sem pecado, sem os reflexos cruéis do pecado na vida do homem e da criação. Imagine um mundo em que a morte não abreviasse o desenvolvimento humano!

O trabalho para o homem não é um mero emprego, mas uma vocação. Não é uma carreira, mas um chamado. Por meio do trabalho, glorificamos o Criador.

O trabalho precede a queda no pecado e é um exercício espiritual. Como já vimos, as palavras hebraicas traduzidas por "cultivar" e "guardar" (Gênesis 2:15) foram usadas mais tarde para descrever o serviço sagrado do Tabernáculo e a observância da Lei. Ross comenta:

> O propósito do homem é fazer serviço espiritual, como as palavras cuidadosamente escolhidas indicam: ele foi posto (*nûah*, "colocado para descansar") no Jardim [...] **para cultivar** (*ābad*, "servir") e **guardar**. Seja qual for o trabalho que realizou, foi descrito como sendo serviço a **Deus**.[63]

Infelizmente, muitos homens (inclusive cristãos) já engoliram a mentira de que sua identidade e realização principal na vida serão encontradas no trabalho. Essa é a mentira de Satanás que diz que eu *sou* o que *faço*. (Por exemplo, quando conhecemos um homem, normalmente queremos saber quem ele é descobrindo o que ele *faz*.) Somos *seres* humanos, não *fazeres* humanos.

No entanto, na tentativa de corrigir esse erro de pensar que significância pessoal depende da vocação, alguns têm errado na outra direção, como se o trabalho do homem não importasse ou que ele não precisasse preocupar-se com avanços em sua carreira, trabalho duro, fidelidade no serviço e integridade. Nosso trabalho é uma forma de glorificar a Deus. Nada na Bíblia mudou essa ordem. Muito pelo contrário.

Como veremos, a tarefa é infinitamente mais difícil depois do pecado. Nossa mente não funciona direito. Gastamos muitos recursos só lutando contra o pecado, o crime, a violência, garantindo a segurança do fruto do nosso trabalho. Mas somos chamados a fazer esse trabalho para a glória de Deus, em nome dele, como bons trabalhadores, como Ele quer (Colossenses 3:17,23,24).

---

63 Ross, "Genesis", in: Walvoord; Zuck, *The Bible Knowledge Commentary*, p. 31.

Homens [mais] parecidos com Jesus

Para Refletir e Compartilhar

O que acontece quando homens não trabalham? Como se sentem? Quais os resultados disso em sua própria vida? Na família? Na sociedade? Na igreja?

O que 2Tessalonicenses 3:10 diz sobre a pessoa que se recusa a trabalhar?

Quais são os conceitos antibíblicos atuais sobre o homem e seu trabalho?

2. NA QUEDA: A CORRUPÇÃO DO TRABALHO

A mordomia do Jardim — tarefa prioritária de Adão (1:28; 2:15) — foi corrompida pelo pecado do casal (Gênesis 3:17-19). A terra se rebelou contra o homem. A criação virou caos. Trabalho frutífero virou frustração.

Note que o pecado do homem teve um efeito imediato no meio ambiente. A morte invadiu o universo. A terra foi amaldiçoada. Animais morreram. E, até hoje, o mundo inteiro geme debaixo do jugo de escravidão causado pelo nosso pecado. Espécies inteiras deixaram de existir. A poluição estragou a água, a terra e o ar. Desastres "naturais" provocados pelo homem causam tragédias. A morte está em todo lugar.

Além disso, o trabalho do homem de subjugar e dominar a terra ficou muito mais difícil depois de cair no pecado. Agora trata-se de uma luta brutal contra o pó da terra, que resiste em ser subjugado pelo homem, até que, no final, o homem é mais uma vez engolido pelo pó da terra.

Como consequência do pecado, o trabalho, outrora frutífero e realizador, agora seria uma luta fútil contra um mundo marcado pela corrupção. Durante pelo menos seis dias por semana, o homem lembraria os resultados do seu pecado enquanto lutasse para extrair os frutos da terra. O vice-regente de Deus se rebelou contra o "Chefe" quando comeu do fruto proibido da terra; agora a terra iria se rebelar contra seu patrão.

> E a Adão disse: Visto que atendeste a voz de tua mulher e comeste da árvore que eu te ordenara não comesses, maldita é a terra por tua causa; em fadigas obterás dela o sustento durante os dias de tua vida. Ela produzirá também cardos e abrolhos, e tu comerás a erva do campo. No suor do rosto comerás o teu pão, até que tornes à terra, pois dela foste formado; porque tu és pó e ao pó tornarás (Gênesis 3:17-19).

Observe mais uma vez como a imagem de Deus, representada pelo trabalho do homem, agora foi dramática e tragicamente transtornada pelo pecado. Custará caro ao homem colocar pão na mesa da família. O trabalho, que começou como bênção e manifestação da imagem de Deus na subjugação da terra, seria agora doloroso e espinhoso. A terra foi amaldiçoada, assim como a serpente (17), e a partir daquele momento iria se rebelar contra seu guardião.

O Novo Testamento nos lembra que a terra geme debaixo do peso do pecado humano, ansiando pelo dia da redenção. E nós também gememos, em parte por causa do trabalho doloroso que nos foi imposto e que culmina em morte (Romanos 8:19-27).

Kassian e DeMoss resumem o efeito devastador na vida do homem:

> O homem trabalha e trabalha "com o suor de seu rosto". Entretanto, a "terra" que ele procura cultivar reage com "espinhos e ervas daninhas".
>
> O homem nota que, por mais que ele tente, está sempre em desvantagem. É preciso sempre mais. Seus esforços nunca bastam. O pó irá vencer. Vai transformá-lo em "pó".
>
> Os homens receberam de Deus a inclinação para triunfar e prevalecer (no bom sentido). No entanto, por causa do pecado, tudo na vida lhes faz resistência e os puxa para baixo. O trabalho faz isso. As finanças fazem isso. Até mesmo a esposa e os filhos agem assim. Muitos homens vivem mergulhados na sensação de fracasso e inadequação. Não têm como proteger seus queridos de todas as infelicidades. Não têm como lhes oferecer o bastante. Pecado e doença, desintegração e ruína pressionam de todos os lados. Embora se empenhe com todas as forças, o

homem simplesmente não tem mãos suficientes para tapar todos os buracos.[64]

No fim, a morte também nos lembra nossa necessidade de um Salvador. Lutamos a vida toda contra a terra e, por fim, a terra ganha. Seremos sugados de volta para o pó de onde viemos. A imagem de Deus acaba se tornando comida de serpente (3:14). Como Eugene Merrill comenta: "O fim da luta incessante do homem apenas para sobreviver seria, ironicamente, o retorno ao chão do qual ele fora feito. [...] Ele, que deveria ter domínio sobre a terra, agora seria prisioneiro dela".[65]

Bill Mills consegue resumir as consequências trágicas do pecado:

> Perdemos nossa capacidade de atender ao chamado divino original, de cultivarmos seus frutos naquilo que Ele criou, à parte de sua redenção. Agora, como resultado da Queda, em vez de levarmos a terra a refletir a glória de Deus, nós a obrigamos a refletir nossa própria morte. O ar, a água, o solo, todo o meio ambiente em que vivemos, passaram a refletir a poluição do pecado em nosso coração.[66]

Quando reparamos no estrago feito pelo pecado, principalmente em termos dos propósitos pelos quais Deus fez a raça humana em geral, e o homem em particular, parece que tudo está perdido. A disciplina na área do trabalho nos lembra de que precisamos de Alguém, a Semente da mulher, para cancelar nossa dívida. Ela está além da nossa capacidade de pagar. Sem Ele, estamos perdidos, sim. Com ele, o trabalho pode ser resgatado para sua glória, como veremos agora.

---

64 Kassian e DeMoss, *Design divino*, p. 126-7.
65 Merrill, *Teologia*, p. 208.
66 Mills, *A bênção de Benjamim*, p. 25.

> **PARA REFLETIR E COMPARTILHAR**
>
> Qual deve ser nossa atitude para com o trabalho à luz da queda do homem no pecado? Trabalho é maldição? Devemos fugir dele?
>
> Como explicar a aparente falta de uma ética de trabalho em muitos homens hoje? Como encontrar o equilíbrio?

3. EM CRISTO: A REDENÇÃO DO TRABALHO E DO TRABALHADOR

Somente a semente da mulher, o Filho do homem, Jesus, será capaz de absorver o aguilhão doloroso chamado Morte para nos livrar da lei do pecado e da morte (Romanos 8:2):

> Onde está, ó morte, a tua vitória? Onde está, ó morte, o teu aguilhão? O aguilhão da morte é o pecado, e a força do pecado é a lei. Graças a Deus, que nos dá a vitória por intermédio de nosso Senhor Jesus Cristo (1Coríntios 15:55-57).

Por causa de Cristo, podemos trabalhar para a glória de Deus, sabendo que, em Cristo, nosso trabalho não é vão: "Portanto, meus amados irmãos, sede firmes, inabaláveis e sempre abundantes na obra do Senhor, sabendo que, no Senhor, o vosso trabalho não é vão" (1Coríntios 15:58).

Apenas em Cristo o trabalho pode ser resgatado. Em Cristo, podemos restaurar uma vida com propósito (2Coríntios 5:17). Em Cristo, podemos viver a vida de Cristo (Gálatas 2:20). Em Cristo, podemos ter um lar verdadeiramente cristão. Em Cristo, podemos glorificar a Deus na nossa escola, no nosso lar, no nosso serviço. Por causa de Cristo, podemos fazer discípulos de todas as nações. E um dia seremos como Ele, porque o veremos como Ele é, para poder reinar com Ele para todo o sempre. No céu, iremos trabalhar, servindo ao nosso Rei, mas sem as complicações da maldição do pecado (1João 3:2; Apocalipse 22:3).

No Antigo Testamento, já encontramos um vislumbre de uma ética de trabalho conforme a vontade de Deus e para sua glória. Os livros de Salmos, Provérbios e Eclesiastes oferecem alguns princípios valiosos sobre o trabalho e o trabalhador:

- O trabalho tem que ser feito na dependência do Senhor, descansando nele (Salmos 127:1,2a).
- Deus é quem faz o trabalho frutificar e dá descanso ao trabalhador (Salmos 127:2b; 128:2).
- Não devemos trabalhar em excesso, esquecendo-nos de que trabalhamos para viver, não vivemos para trabalhar. Deus quer que desfrutemos do fruto do trabalho no lar (Salmos 127; 128:1-6).
- O trabalhador diligente foge da preguiça, do corpo mole e do comodismo (Provérbios 18:9; 19:15; 20:13; 21:25; 22:13; 24:30-34; 26:13-16).
- O trabalho bem feito traz fartura (Provérbios 12:11; 13:11b; 14:23).
- O negligente no seu trabalho desperdiça bens e é um mordomo ruim (Provérbios 18:9).
- O diligente trabalha por motivação própria, não por estímulo externo, assim como a formiga (Provérbios 6:6-11).
- Integridade (o bom nome) no trabalho vale muito mais que as muitas riquezas, prata e ouro (Provérbios 22:1; 19:1).
- É bênção de Deus ter um trabalho ao mesmo tempo próspero e realizador; devemos curtir nosso trabalho e seus frutos e tratá-lo como uma vocação, não somente um emprego (Eclesiastes 2:24-26; 3:12,13,22; 5:18-20).
- Devemos lembrar que não adianta trabalhar sem cessar e acumular bens sem o temor do Senhor, pois, no fim, tudo será daquele que agrada a Deus (Eclesiastes 2.18-23; 4:7,8).
- O preguiçoso que se recusa a trabalhar é um tolo (Eclesiastes 4:4-6).
- Devemos realizar nosso trabalho com diligência e empenho (Eclesiastes 9:10).

O Novo Testamento deixa ainda mais claro que, em Cristo, podemos trabalhar para a glória de Deus.

Uma vez que entendemos como Cristo nos capacita a sermos "homens de verdade" (Efésios 4:13) pela atuação do Espírito Santo (Efésios 5:18) e da Palavra de Deus (Colossenses 3:16), podemos trabalhar como filhos de Deus para a glória de Deus (Colossenses 3:17)!

Em Cristo, os efeitos devastadores do pecado são revertidos! O conflito conjugal transforma-se em amor e submissão mútuos (Efésios 5:22-33); a dor na criação dos filhos vira paz, descanso, obediência e respeito mútuo (Efésios 6:1-4; Provérbios 29:17). Da mesma forma, relacionamentos espinhosos no trabalho podem ser transformados e revertidos em Cristo (Efésios 6:5-9).

Sendo assim, o homem refeito em Cristo tem seu trabalho refeito também. Veja em que sentido cada um dos textos a seguir contribui para nossa compreensão da dignidade do trabalho como maneira de glorificar a Deus:

> Aquele que furtava não furte mais; antes, trabalhe, fazendo com as próprias mãos o que é bom, para que tenha com que acudir ao necessitado (Efésios 4:28).

> Quanto a vós outros, servos, obedecei a vosso senhor segundo a carne com temor e tremor, na sinceridade do vosso coração, como a Cristo, não servindo à vista, como para agradar a homens, mas como servos de Cristo, fazendo, de coração, a vontade de Deus; servindo de boa vontade, como ao Senhor e não como a homens, certos de que cada um, se fizer alguma coisa boa, receberá isso outra vez do Senhor, quer seja servo, quer livre. E vós, senhores, de igual modo procedei para com eles, deixando as ameaças, sabendo que o Senhor, tanto deles como vosso, está nos céus e que para com ele não há acepção de pessoas (Efésios 6:5-9).

> E tudo o que fizerdes, seja em palavra, seja em ação, fazei-o em nome do Senhor Jesus, dando por ele graças a Deus Pai (Colossenses 3:17).

> Servos, obedecei em tudo ao vosso senhor segundo a carne, não servindo apenas sob vigilância, visando tão somente agradar homens, mas em singeleza de coração, temendo ao Senhor. Tudo quanto fizerdes, fazei-o de todo o coração, como para o Senhor e não para homens, cientes de que recebereis do Senhor a recompensa da herança. A Cristo, o Senhor, é que estais servindo; [...] Senhores, tratai os servos com justiça e com equidade, certos de que também vós tendes Senhor no céu (Colossenses 3:22—4:1).

> Porque, quando ainda convosco, vos ordenamos isto: se alguém não quer trabalhar, também não coma (2Tessalonicenses 3:10).

> Todos os servos que estão debaixo de jugo considerem dignos de toda honra o próprio senhor, para que o nome de Deus e a doutrina não sejam blasfemados. Também os que têm senhor fiel não o tratem com desrespeito, porque é irmão; pelo contrário, trabalhem ainda mais, pois ele, que partilha do seu bom serviço, é crente e amado. Ensina e recomenda estas coisas (1Timóteo 6:1,2).

CONCLUSÃO

Masculinidade bíblica compreende ser um homem "segundo o coração de Deus", que se parece com Cristo, protege como Cristo, preside como Cristo e produz trabalhos para a glória de Cristo. A vida de Cristo em nós é uma vida centrada no serviço a outros para o bem do reino de Deus. Esse homem vive para amar, proteger e servir em vez de ser servido, dando em vez de receber. Ele fielmente lidera aqueles que Deus confiou aos seus cuidados, trabalhando com integridade, diligência e equilíbrio.

O trabalho para o homem não é um mero emprego, mas uma vocação. Não é uma carreira, mas um chamado. Por meio do trabalho, glorificamos o Criador.

A grande ideia

*O homem de Deus trabalha
para a glória de Jesus.*

PARA REFLETIR E COMPARTILHAR

Como valorizar o trabalho sem fazer que nossa carreira seja a base de nossa identidade?

Como o homem deve lidar com o desemprego?

Até que ponto o homem deve insistir em que a esposa trabalhe para ajudar a sustentar a família?

APÊNDICE 1

Conhecendo e sendo conhecido

Esta ficha pode ser reproduzida e distribuída aos membros do grupo em papel ou digitalmente (para um arquivo digital, visite o site www.palavraefamilia.org.br).

Para podermos nos conhecer um pouco melhor, pedimos que cada um preencha essa ficha e a entregue ao líder de seu grupo. Só preencha os espaços dos itens que você quer que os outros conheçam a seu respeito.

Nome completo:	
Se casado, o aniversário de casamento:	Seu aniversário de nascimento:
Filhos (nomes e idades):	
Profissão:	Profissão da esposa (se casado):
Endereço:	
Telefone/WhatsApp:	
E-mail:	
Outra mídia social:	
Alguns pedidos de oração:	

APÊNDICE 2

Caderno de oração

Use estas folhas para registrar os pedidos de oração dos outros membros do grupo e as respostas que Deus lhes der.

Data	Nome	Pedido	Resposta

Homens [mais] parecidos com Jesus

Data	Nome	Pedido	Resposta

APÊNDICE 3

Perguntas para perfis[67]

Não raro, as pessoas sentem dificuldade para falar de si mesmas, mas com um pouco de encorajamento podem se abrir e edificar muitos pelas suas experiências de vida. Algumas perguntas podem ajudar o entrevistador na sua tarefa de facilitar a transparência num grupo pequeno. Deve-se ter bastante cuidado, no entanto, visando selecionar as perguntas certas para a pessoa certa e conduzir a entrevista de modo que não ultrapasse o limite de liberdade pessoal ou constranja desnecessariamente o entrevistado. O propósito é promover maior conhecimento mútuo para poder encorajar uns aos outros ao amor e às boas obras (Hebreus 10:24,25).

Gerais

1. Se você pudesse estar durante duas horas com algum personagem histórico (excluindo o Senhor Jesus e pessoas da sua própria família), quem escolheria?
2. Se você pudesse imaginar sua vida no ano 2035, como seria em termos de família, profissão, alvos atingidos e a atingir, peso e cor de cabelos etc.?
3. Qual o seu maior medo?
4. Fale sobre uma viagem inesquecível.
5. O que você gostaria de ver escrito como "lema final de sua vida" e por quê?
6. Se pudesse "matar" uma coisa em sua vida (eliminar um hábito), qual escolheria?

---

67 Adaptado de David Merkh, *101 ideias criativas para grupos pequenos* (São Paulo: Hagnos, 2015).

7. Cite em qual destas áreas acha que necessita de maior aprimoramento: vida familiar, cuidado físico, profissão, estudo.
8. Qual a maior dificuldade que imagina ter pela frente nos próximos três meses?
9. Fora a Bíblia, qual o livro que mais marcou sua vida e por quê?
10. O que você mais aprecia em seu trabalho?

Casamento

11. Descreva sua esposa em cinco palavras.
12. Qual a característica ou a qualidade que mais se destaca em seu cônjuge?
13. Como vocês se conheceram?
14. Descreva a primeira vez em que saíram sozinhos.
15. Qual seria o conselho principal que você daria a um casal de noivos para um bom casamento?
16. Descreva uma aventura ou viagem marcante que fez com seu cônjuge.

Infância/família

17. Quando você era criança, qual foi a maior "arte" que você aprontou?
18. Qual a pior doença que já teve?
19. Você tem maior afinidade com seu pai ou com sua mãe? Por quê?
20. O que sua família mais gostava de fazer nas férias?
21. Qual o aniversário que ficou mais gravado em sua vida e por quê?
22. Quando olha para os acontecimentos em sua vida, qual deles lhe traz maior alegria? Qual traz maior realização? Por quê?
23. Qual a matéria mais difícil que você já cursou numa escola?

Igreja

24. Qual é o aspecto mais positivo que você identifica em nossa igreja (ou grupo, escola etc.)?
25. Se pudesse descrever uma igreja "ideal" para você e sua família, como seria quanto a número de membros, horário dos cultos, tipo de liderança, tipo de atividades etc.?
26. Com que idade se converteu e a quais igrejas pertenceu?
27. Em que área acredita poder contribuir melhor servindo ao corpo de Cristo (ministério)?
28. Qual é o seu dom espiritual?
29. O que você identifica como sendo a maior necessidade da igreja brasileira e por quê?
30. Como você veio a frequentar esta igreja?

Vida cristã

31. Qual a pessoa que mais influenciou sua vida cristã e como?
32. Se você fosse escolher uma pessoa como seu modelo de vida cristã, para quem olharia e por quê?
33. Qual a resposta de oração mais marcante que recebeu no último ano? E no último mês?
34. Qual o seu livro bíblico predileto e por quê? Qual o versículo?
35. Que pedido de oração quer deixar com o grupo?

Outras...

36. _____
37. _____
38. _____
39. _____
40. _____

APÊNDICE 4

Modelo de certificado de conclusão

Certificado

O MINISTÉRIO DE HOMENS DA IGREJA

_____

oferece o presente certificado a

Fulano

em reconhecimento da sua conclusão dos estudos do livro
Homens [mais] parecidos com Jesus

LOCAL:
DATA:

_____
PASTOR TITULAR DA IGREJA
RESPONSÁVEL PELO MINISTÉRIO

APÊNDICE 5

Começando um ministério com homens

Temos visto que o modelo bíblico que mais descreve a igreja é o *familiar*. A igreja é a família de Deus. Assim como na família, Deus chamou *homens* para serem os principais líderes da sua casa.

Infelizmente, em muitas igrejas, temos todo tipo de ministério de aperfeiçoamento dos santos para a obra do ministério (Efésios 4:11,12), *menos* o ministério que talvez seja mais estratégico que todos: a preparação de homens para serem reflexos da imagem de Jesus (2Coríntios 3:18). Muitas igrejas têm ministérios e departamentos para cuidar de crianças, juniores, adolescentes, jovens, mulheres, casais, moradores de rua, surfistas, skatistas e muito mais. Mas poucas têm desenvolvido um ministério efetivo e contínuo com homens.

Certamente há muitas razões por trás disso: o ritmo frenético que muitos homens mantêm; o isolamento de homens que ficam menos dispostos a se expor; conceitos equivocados de masculinidade que levam à autossuficiência. Se cremos que Deus criou os homens para serem grandes influenciadores (líderes) no lar, na comunidade e na igreja, precisamos equipar esses homens para serem líderes-servos o mais parecidos com Jesus possível. Afinal, o líder que não serve, não serve!

Parece ser esse o modelo bíblico. Precisamos resgatar a influência e o impacto dos homens em todas as esferas da vida, sem diminuir a importância das mulheres. Quando Pedro alcançou Cornélio, alcançou toda a sua família (Atos 10:44ss.); quando Paulo alcançou o carcereiro de Filipos, ganhou toda a sua família (Atos 16:33)!

Sabemos que Satanás tem líderes em sua mira e que ele quer derrubá-los para alcançar muitos outros (Gênesis 3:17; 1Pedro 5:7). Também reconhecemos a importância do papel do homem na formação do caráter dos filhos. Graças a Deus, há exceções, mas, assim como crianças tendem a subir até o nível espiritual dos pais, elas também tendem a descer!

Talvez por isso o apóstolo Paulo tenha exortado a Timóteo: "E o que de minha parte ouviste através de muitas testemunhas, isso mesmo transmite a homens fiéis, que serão capazes de instruir a outros" (2Timóteo 2:2, tradução literal).

Por isso, queremos oferecer algumas sugestões práticas para quem deseja iniciar um ministério de equipamento e aperfeiçoamento de homens. O foco aqui será a formação de grupos de estudo que poderão utilizar os livros da série "Homem Nota 10" e *Nos passos do Único Homem nota 10*, assim como outros currículos bíblicos e práticos voltados para homens.

Sugestões para estruturar um ministério com homens

1. **Expor a necessidade do ministério diante do pastor e/ou liderança da igreja e orar juntos pela direção de Deus.**

2. **Recrutar líderes e auxiliadores qualificados** (vidas exemplares, à luz de 1Timóteo 3:1-13 e Tito 1:5-9) e *debaixo da orientação da liderança*. Esses homens devem ter paixão pelo ministério e tempo disponível para investir nele.

3. **Pesquisar as reais necessidades dos homens** na população-alvo do ministério por meio de conversas informais, entrevistas e/ou um questionário simples sobre as áreas em que os homens sentem a necessidade de ajuda como homem, marido e pai.

4. **Começar devagar!**

    - Inaugurar o ministério com um evento especial (café da manhã, churrasco, evento pai-filho etc.).
    - Promover encontros semestrais ou bimestrais com um desafio bíblico para homens.
    - Oferecer uma classe de Escola Bíblica Dominical focada em homens como líderes do lar, da igreja e da comunidade.
    - Formar um pequeno grupo piloto de possíveis futuros líderes para estudo bíblico sobre a verdadeira masculinidade (usando os recursos "Homem Nota 10" ou outros livros bíblicos e práticos para homens).
    - Avaliar cada passo e reformular o ministério conforme a necessidade.

5. **Expandir o ministério conforme as possibilidades:**
    - Recrutar e treinar líderes de outros grupos pequenos e abrir inscrições.
    - Preparar um calendário de encontros conforme a disponibilidade dos homens na população-alvo. A sugestão seriam encontros quinzenais suficientes para estudar as 18 lições dos livros da série "Homem Nota 10" ou *Nos passos do único homem nota 10*.
    - Pensar na possibilidade de planejar um retiro de homens.
    - Fazer uma formatura dos homens que completaram o currículo e aproveitar a oportunidade para convidar outros homens e recrutá-los para o próximo ciclo de estudos.

BIBLIOGRAFIA[68]

Observação: A inclusão de um livro nesta bibliografia não necessariamente significa que endossamos seu conteúdo.

ASHCROFT, Tommy. *Marido pródigo*. Rio de Janeiro: CPAD, 1984.

BAUCHAM JR., Voddi. *Pastores da família*. Brasília: Editora Monergismo, 2015.

Bíblia de estudo Desafios de todo homem. São Paulo: Mundo Cristão, 2018.

BRIGHT, Bill et. alli. *Sete promessas de um homem de palavra*. Belo Horizonte: Betânia, 1996.

BURKETT, Larry. *Negócios à luz da Bíblia*. Pompeia: Universidade da Família, 2006.

CHALLIES, Tim. *Desintoxicação sexual*. São Paulo: Vida Nova, 2011.

CHAPMAN, Gary; SOUTHERN, Randy. *As 5 linguagens do amor para homens*. São Paulo: Mundo Cristão, 2015.

COLE, Edwin Louis. *Homem ao máximo*. Belo Horizonte: Betânia, 2006.

_____. *Integridade sexual*. Pompeia: Universidade da Família, 2010.

_____. *Comunicação, sexo e dinheiro*. Pompeia: Universidade da Família, 2007.

_____. *Homens de verdade: seu papel como líder, marido, pai e amigo*. Pompeia: Universidade da Família, 2013.

_____. *O poder do potencial*. Pompeia: Universidade da Família, 2007.

_____. *Homens fortes*. Pompeia: Universidade da Família, 2011.

_____. *Marido irresistível*. Pompeia: Universidade da Família, 2010.

---

68 Sou grato ao pastor Bráulio Marinho Moreira pelo levantamento e indicação de vários desses recursos.

_____. *Vencedores nunca desistem*. Pompeia: Universidade da Família, 2009.

_____. *Coragem*. Pompeia: Universidade da Família, 2009.

_____. *Tesouro*. Pompeia: Universidade da Família, 2015.

CRABB, Larry; HUDSON, Don; ANDREWS, Al. *O silêncio de Adão*. São Paulo: Vida Nova, 2006.

CROTTS, John. *Homens fortes*. São José dos Campos: Fiel, 2007.

_____. *Homens sábios: a sabedoria dos Provérbios para homens*. São José dos Campos: Fiel, 2019.

EVANS, Tony. *Homem do reino*. São Paulo: Mundo Cristão, 2019.

FARRAR, Steve. *Forjados por Deus*. Rio de Janeiro: Central Gospel, 2012.

_____. *Pronto para a batalha*. Rio de Janeiro: Central Gospel, 2014.

FITZPATRICK, Elyse. *Ídolos do coração: aprendendo a desejar apenas Deus*. São Paulo: ABCB, 2009.

FRAHM, David e Ann. *Como fazer amor sem tirar a roupa*. São Paulo: United Press, 2008.

GALLAGHER, Steve. *Como aconselhar um viciado sexual*. Brasília: Propósito Eterno Editora, 2006.

GETZ, Gene. *A estatura de um homem espiritual*. São Paulo: Abba Press, 2002.

GEORGE, Jim. *Um homem segundo o coração de Deus*. São Paulo: United Press, 2003.

HARRIS, Joshua. *Sexo não é problema; lascívia, sim*. São Paulo: Hagnos, 2008.

HAYFORD, Jack. *Adoração e testemunho na vida do homem*. Belo Horizonte: Betânia, 1997.

_____. *O caminhar do homem com Deus*. Belo Horizonte: Betânia, 1991.

_____. *Deus começa com o homem*. Belo Horizonte: Betânia, 1997.

_____. *A imagem de Deus no homem*. Belo Horizonte: Betânia, 1997.

_____. *A integridade e o caráter do homem*. Belo Horizonte: Betânia, 1997.

HENDRICKS, Howard e William. *Como o ferro afia ferro*. São Paulo: Shedd, 2006.

HENDRICKS, Howard. *Aprenda a mentorear*. Belo Horizonte: Betânia, 1999.

HOEHNER, Harold W. *Ephesians: An Exegetical Commentary*. Grand Rapids: Baker Academic, 2002.

HUGHES, Kent. *Disciplinas do homem cristão*. Rio de Janeiro: CPAD, 1997.

KASSIAN, Mary A.; DEMOSS, Nancy Leigh. *Design divino*. São Paulo: Shedd Publicações, 2015.

KELLER, Timothy e Kathy. *O significado do casamento*. São Paulo: Vida Nova, 2012.

KÖSTENBERGER, Andreas J.; JONES, Robert. *Deus, casamento e família: reconstruindo o fundamento bíblico*. São Paulo: Vida Nova, 2011.

LAHAYE, Tim e Beverly. *O que o ato conjugal significa para o homem*. Belo Horizonte: Betânia, 1984.

LANGRAFE JR., Ari. "O *Shemá* em Deuteronômio 6.1-9: a importância de ensinar a próxima geração". Dissertação de Mestrado em Teologia. Atibaia: Seminário Bíblico Palavra da Vida, 2017.

LOPES, Hernandes Dias. *Homem de oração*. São Paulo: Hagnos, 2011.

LOPES, Augustus Nicodemus; LOPES, Minka Schalkwijk. *A Bíblia e a sua família: exposições bíblicas sobre o casamento, família e filhos*. São Paulo: Cultura Cristã, 2001.

MERKH, David J. e Carol Sue. *101 ideias de como paparicar sua esposa*. São Paulo: Hagnos, 2020.

_____. *Homem nota 10*. São Paulo: Hagnos, 2015.

MILLS, Bill. *A bênção de Benjamim: vivendo no poder da aprovação de seu Pai*. Atibaia: Pregue a Palavra, 2008.

MORLEY, Patrick. *Desafios da vida de um homem*. São Paulo: Mundo Cristão, 1997.

_____. *Homens além do churrasco e futebol*. São Paulo: Hagnos, 2012.

_____. *O homem de hoje*. São Paulo: Mundo Cristão, 1995.

MURRAY, David. *Reset: vivendo no ritmo da graça em uma cultura estressada*. São José dos Campos: Fiel, 2019.

OLIVEIRA, Junia. *Pequeno manual de instruções de Deus para homens*. São Paulo: United Press, 2001.

OSTER, Merrill J. *Tornando-se um homem de honra*. São Paulo: Candeia, 1990.

Parsons, Rob. *O pai sessenta minutos*. Belo Horizonte: Betânia, 1997.

Peréa, José Carlos. *A herança do homem sábio*. Brasília: Adhonep, 2014.

Phillips, Richard D. *Homens de verdade*. São José dos Campos: Fiel, 2019.

Piper, John. *Casamento temporário*. São Paulo: Cultura Cristã, 2011.

_____; Taylor, Justin, orgs. *Sexo e a supremacia de Cristo*. São Paulo: Cultura Cristã, 2009.

Prior, David. *A mensagem de 1 Coríntios*. São Paulo: ABU, 1993.

Priolo, Lou. *Maridos perseguindo a excelência*. São Bernardo do Campo: Nutra, 2011.

Rainey, Dennis. *Ministérios com famílias no século 21*. São Paulo: Vida, 2003.

Ross, Allen, P. "Genesis", in: Walvoord, J. F.; Zuck, R. B. *The Bible Knowledge Commentary: an Exposition of the Scriptures*. Wheaton, IL: Victor Books, 1983.

Ryken, Leland. *Santos no mundo: os puritanos como realmente eram*. São José dos Campos: Fiel, 2018.

Scott, Stuart. *O homem bíblico*. São Paulo: Nutra, 2014.

Smalley, Gary. *Ela precisa saber*. São Paulo: Mundo Cristão, 1999.

_____. *Que bom se ele soubesse*. São Paulo: Mundo Cristão, 1996.

_____; Trent, John. *O valor oculto do homem*. Rio de Janeiro: CPAD, 2008.

Street, John (org.). *Homens aconselhando homens*. São Paulo: Nutra, 2014.

_____. *Purificando o coração da idolatria sexual*. São Paulo: Nutra, 2009.

Vargens, Renato. *Masculinidade em crise e seus efeitos na igreja*. São José dos Campos: Fiel, 2020.

Viguier, Fabrini. *Ser homem*. São Paulo: Thomas Nelson Brasil, 2015.

Weber, Stu. *Companheiros de luta*. São Paulo: Shedd, 2006.

Welch, Ed. *Hábitos escravizadores: encontrando esperança no poder do evangelho*. São Paulo: Nutra, 2015.

Wilson, Douglas. *Futuros homens*. Recife: Clire, 2012.

Wolgemuth, Robert. *Mentiras em que os homens acreditam e a verdade que os liberta*. São Paulo: Vida Nova, 2020.

SOBRE O AUTOR

O pastor David Merkh é casado com Carol Sue desde 1982. O casal tem seis filhos: Davi (casado com Adriana), Michelle (casada com Benjamin), Juliana, Daniel (casado com Rachel), Stephen (casado com Hannah) e Keila (casada com Fabrício). Davi e Carol tinham dezoito netos no momento em que este livro foi escrito.

David é bacharel pela Universidade de Cedarville (EUA, 1981), com mestrado em Teologia (Th.M.) no Dallas Theological Seminary (EUA, 1986) e com doutorado em Ministérios (D.Min.), com ênfase em ministério familiar no mesmo seminário (2003).

David é missionário no Brasil desde 1987, trabalhando como professor do Seminário Bíblico Palavra da Vida em Atibaia, São Paulo. Serve como um dos pastores auxiliares da Primeira Igreja Batista de Atibaia desde 1987. Entre outros ministérios focando a família, ele tem ministrado para homens visando à formação de líderes conforme a imagem de Cristo.

O casal também ministra em conferências e congressos para casais e famílias e desenvolve um ministério para as famílias de missionários e pastores ao redor do mundo.

David e sua esposa são autores de 20 livros sobre vida familiar e ministério prático, a maioria pela Editora Hagnos. A maior parte desses livros já foi traduzida para o espanhol e alguns para outras línguas.

David e Carol têm um canal no YouTube, o "Palavra e Família", com diversos programas sobre vida familiar. Seu site <*www.palavraefamilia.org.br*> recebe milhares de visitas a cada mês e hospeda mensagens da rádio BBN do programa "Palavra e Família".

OUTROS LIVROS DO AUTOR

O leitor que encontrou aqui material útil apreciará outros livros do autor, de abordagem bíblica e prática para a igreja brasileira.

Comentário bíblico: lar, família e casamento

Um comentário expositivo sobre todos os principais textos bíblicos sobre a família. Nesse guia sistemático e altamente bíblico, pastores, líderes de ministérios familiares, estudiosos e casais encontrarão uma enciclopédia de informações úteis e agradáveis que podem transformar para sempre seu lar e sua família para quem ministram.

SÉRIE *15 LIÇÕES*

15 Lições para transformar o casamento

Quinze estudos sobre os fundamentos de um lar cristão, incluindo lições sobre o propósito de Deus para a família, o reavivamento a partir do lar, a aliança e a amizade conjugais, as finanças, os papéis, a comunicação e a sexualidade no lar.

15 Lições para educação de filhos

Quinze estudos sobre a criação de filhos, incluindo lições sobre o discipulado e a disciplina de crianças, com ênfase em como alcançar o coração de seu filho.

15 Lições para fortalecer a família

Quinze estudos sobre temas e situações preocupantes no casamento, mas que começam com uma perspectiva equilibrada sobre mudança bíblica, ou seja, o que Deus quer fazer no coração de cada um, apesar de e por causa das "tempestades" pelas quais passam. Inclui estudos sobre maus hábitos, crítica, parentes, finanças, sogros, discussões e decisões sobre o futuro.

LIVROS SOBRE TÓPICOS FAMILIARES

151 boas ideias para educar seus filhos

Uma coletânea dos textos bíblicos voltados para a educação de filhos, com sugestões práticas e criativas para aplicação no lar.

O legado dos avós (David Merkh e Mary-Ann Cox)

Um livro escrito por uma sogra, em parceria com seu genro, sobre o desafio bíblico para deixarmos um legado de fé para a próxima geração. Inclui:

– 13 capítulos que desenvolvem o ensino bíblico sobre a importância do legado, apropriados para estudo em grupos pequenos, Escola Bíblica, grupos da terceira idade etc.

– 101 ideias criativas de como os avós podem investir na vida dos netos.

O namoro e noivado que DEUS sempre quis **(David Merkh e Alexandre Mendes)**

Uma enciclopédia de informações e desafios para jovens que querem seguir princípios bíblicos e construir relacionamentos sérios e duradouros para a glória de Deus.

Perguntas e respostas sobre o namoro **(David Merkh e Alexandre Mendes)**

Respostas às dúvidas mais comuns sobre a construção de relacionamentos que glorificam a Deus.

Homem nota 10

Esse manual de estudos visa encorajar homens a serem tudo que Deus deseja que sejam. Dezoito estudos examinam as listas de qualidades do homem de Deus conforme 1Timóteo 3 e Tito 1.

Casamento nota 10

Muitos casais hoje não tiveram o privilégio de conviver com mentores ou uma família-modelo para prepará-los para os desafios da vida a dois. Mas a Palavra de Deus oferece esperança para termos um lar sólido quando deixamos Jesus ser o Construtor da família. *Casamento nota 10* serve como guia fiel da vida matrimonial para casais de noivos, recém-casados e aqueles com muitos anos de vida conjugal. Escrito para uso individual, para casais ou para grupos de estudo bíblico, os princípios fundamentais para um casamento bem-sucedido são compartilhados de forma devocional e prática.

SÉRIE *101 IDEIAS CRIATIVAS*

101 ideias criativas para a família

Apresenta sugestões para enriquecer a vida familiar, com ideias práticas para:

– o relacionamento marido-esposa
– o relacionamento pai-filho
– aniversários
– refeições familiares
– a preparação para o casamento dos filhos
– viagens

101 ideias criativas para o culto doméstico

Recursos que podem dinamizar o ensino bíblico no contexto do lar e deixar as crianças "pedindo mais".

101 ideias criativas para grupos pequenos

Um livro que ajuda muito no ministério com grupos familiares e nos vários departamentos da igreja. Inclui ideias para quebra-gelos, eventos e programas sociais e brincadeiras para grupos pequenos e grandes.

101 ideias criativas para mulheres **(Carol Sue Merkh e Mary-Ann Cox)**

Sugestões para transformar chás de mulheres em eventos inesquecíveis, que causam impacto na vida das mulheres. Inclui ideias para chás de bebê, chás de cozinha e reuniões gerais da sociedade feminina da igreja. Termina com dez esboços de devocionais para encontros de mulheres.

101 ideias criativas para professores **(David Merkh e Paulo França)**

Dinâmicas didáticas para enriquecer o envolvimento dos alunos na aula e desenvolver a melhor compreensão do seu ensino.

SÉRIE *PAPARICAR*

101 ideias de como paparicar seu marido

Textos bíblicos com aplicações práticas para a esposa demonstrar amor ao seu marido.

101 ideias de como paparicar sua esposa

Textos bíblicos com aplicações práticas para o marido demonstrar amor à sua esposa.

Sua opinião é importante para nós.
Por gentileza, envie-nos seus comentários pelo e-mail:

editorial@hagnos.com.br

Visite nosso site:

www.hagnos.com.br